L'ENFER DU COLLECTIONNEUR

DU MÊME AUTEUR
CHEZ LE MÊME ÉDITEUR

N° 1 : LE MONSTRE D'ORGEVAL
N° 2 : LE CARROUSEL DE LA PLEINE LUNE
N° 3 : L'ABOMINABLE BLOCKHAUS
N° 4 : LES SÉMINAIRES D'AMOUR
N° 5 : LE MARCHÉ AUX ORPHELINES
N° 6 : L'HÉROÏNE EN OR MASSIF
N° 7 : UN CHANTAGE TRÈS SPÉCIAL
N° 8 : LES REQUINS DE L'ÎLE D'AMOUR
N° 9 : LA CITÉ DES DISPARUES
N° 10 : LE CYGNE DE BANGKOK
N° 11 : LA MANTE RELIGIEUSE
N° 12 : LE JEU DU CAVALIER
N° 13 : LA CROISIÈRE INTERDITE
N° 14 : LE HAREM DE MARRAKECH
N° 15 : LA MAISON DES MAUDITES
N° 16 : LA PERMISSION DE MINUIT
N° 17 : LES CAPRICES DE VANESSA
N° 18 : LA VIPÈRE DES CARAÏBES
N° 19 : LE VOYOU DE MONTPARNASSE
N° 20 : LES FILLES DE MONSEIGNEUR
N° 21 : LA NUIT ARABE DE MONACO
N° 22 : LA FERMIÈRE DU VICOMTE
N° 23 : LA PUNITION DE L'AMBASSADEUR
N° 24 : LA SECTE DES AMAZONES
N° 25 : LES SIRÈNES DE L'AUTOROUTE
N° 26 : LE BOUDDHA VIVANT
N° 27 : LA PLANCHETTE BULGARE
N° 28 : LE PRISONNIER DE BEAUBOURG
N° 29 : LES ESCLAVES DE LA NUIT
N° 30 : LES POUPÉES CHINOISES
N° 31 : LES SACRIFIÉES DU SOLEIL
N° 32 : L'EXÉCUTRICE
N° 33 : LA PRÊTRESSE DU PHARAON
N° 34 : UN CANAL ROSE POUR CIBISTES
N° 35 : LES FANATIQUES DE LA VIDÉO
N° 36 : LES ANGES DE PIGALLE
N° 37 : SOSIES SUR MESURE
N° 38 : LA MARQUE DU TAUREAU
N° 39 : L'ÎLE AUX FEMMES
N° 40 : LA CHÂTELAINE DE L'ORDRE NOIR
N° 41 : LA PRINCESSE DES CATACOMBES
N° 42 : LA DISPARUE DE SUNSET BOULEVARD
N° 43 : LE PARFUM DE LA DAME EN GRIS

Nº 44 : LES FEMMES MYGALES DE CÔTE-D'IVOIRE
Nº 45 : LA DANSE DES COUTEAUX
Nº 46 : LES AMANTS DE SINGAPOUR
Nº 47 : LA VEUVE DU LAC
Nº 48 : LES FANTASMES DU NOTABLE
Nº 49 : LA BÊTE DU LUBERON
Nº 50 : CARNAVAL À VENISE
Nº 51 : LES NUITS BLANCHES DE LA TOUR EIFFEL
Nº 52 : LOVE TÉLÉPHONE
Nº 53 : GOLF-PARTY

MICHEL BRICE

BRIGADE MONDAINE

L'ENFER DU COLLECTIONNEUR

PLON

Les dossiers Brigade mondaine de cette collection sont basés sur des éléments absolument authentiques. Toutefois, pour les révéler au public, nous avons dû modifier les notions de temps et de lieu ainsi que les noms des personnages.

Par conséquent, toute ressemblance avec des personnes existantes ou ayant existé serait totalement involontaire et ne relèverait que du hasard.

ISBN : 2-259-01124-1

CHAPITRE PREMIER

A la hauteur du pli du coude, deux ouvertures verticales de vingt-cinq à trente centimètres de longueur étaient pratiquées, gansées de cuir noir soigneusement cousu et serré à chaque extrémité des coupures entaillant le tissu, dans la cape ample qui flottait autour de la jeune femme. Elle marchait d'un pas rapide au milieu d'une de ces avenues privées de plus en plus rares, vu la dureté des temps, du seizième arrondissement.

La cape était faite dans ce tissu épais, légèrement feutré, de couleur verte très militaire, des fameux lodens autrichiens. Les huit boutons de cuir fermant l'ouverture sur le devant, depuis le très haut col à rabats jusqu'au bas des pans battant le mollet, étaient exactement ceux de cette forme de pardessus mi-sport, mi-ville, qui passera difficilement de mode dans les beaux quartiers. Mais il s'agissait d'une cape véritable, sans manches, et qui donnait, dans la nuit pluvieuse de février, des airs de conspiratrice pressée d'un autre siècle à celle qui la portait. A la limite, s'il n'y avait pas eu les très hauts escarpins vernis noirs aux talons ferrés résonnant sur les dalles de granit gris du trottoir, un vieux lettré à sa fenêtre aurait pu s'imaginer, cigarette aux lèvres, qu'en dessous de lui, là-bas sous les réverbères, une héroïne de Balzac courait, décoiffée, cheveux blonds flottants, vers un rendez-vous d'amour avec *Ferragus Le Dévorant.*

Mais il n'y eut pas de fiacre à chevaux hennissant avant de repartir, rue du Ranelagh, là où débute la rue Augry. Tout juste le feulement doux du moteur Diesel d'un taxi Citroën CX.

La fille qui était en retard courut très haut dans la courbe de l'avenue, presque jusqu'à la sortie sur le boulevard Beauséjour. Elle se tordait la tête de côté cherchant les numéros d'immeuble. Quand elle eut trouvé, elle reprit lentement son souffle, poitrine soulevant dans un rythme rapide le tissu vert feutré de sa cape. La façade de pierre taillée de l'immeuble, où pouvait se lire, gravé à droite de l'entrée, le nom de l'architecte, un certain Paul Dessert, l'année : 1913, avait été récemment ravalée et la blancheur rafraîchie de la pierre reflétait une lumière lunaire, venue du réverbère voisin sur le visage de la fille. Petit nez refait à narines interrogatives, pommettes saillantes, sourcils à la mode, immenses yeux châtain clair entre les cils, lourds de mascara, les joues étaient un peu creusées ; et la bouche, peinte comme on ne se peint plus la bouche pour aller à un dîner convenable, était entrouverte, langue rose passant et repassant sur les incisives inférieures.

L'oreille droite sortait des boucles de ce côté-là. Elle était très fine, délicatement ourlée, et portait au creux du lobe un anneau d'or minuscule. Très loin en dessous, car la fille était grande, une chaînette d'or luisait à la cheville gauche. Il n'y avait pas de bas dessus pour en atténuer l'éclat. Les jambes dont les escarpins grattaient alternativement le granit du trottoir comme des sabots de jument étaient nues. Avec des chevilles rendues encore plus étonnamment fragiles par la hauteur démesurée des talons.

***

La langue qui s'agitait tellement entre les lèvres rougies se rétracta subitement. Les lèvres se refermèrent comme des valves d'huître rassasiée.

— C'était si simple que j'ai failli oublier, murmura la fille pour elle-même. Idiot, à la limite, cette simplicité.

Le pan droit de sa cape s'agita, se gonfla, des plis apparurent dans le tissu. La main finit par sortir, longue, déliée, avec un dessus très blanc, incroyablement transparent de peau, où courait le fin réseau bleu de la salvatelle (1). La main se tendit, dégageant peu à peu le poignet puis l'avant bras, jusqu'au coude, vers les touches du clavier de commande électronique d'ouverture de la porte d'entrée.

Elle ne pianota ni avec l'index, ni le pouce, mais avec le médius.

4, 5, 6, 7, 8, 9...

La lunule de l'ongle était très pâle, le rose de l'ongle presque exsangue. Les ongles de toute la main n'étaient pas peints. Juste enduits de vernis incolore. Mais incroyablement longs. Et au fur et

(1) Veines du dessus de la main.

à mesure que le médius pressait les touches, son ongle prenait de plus en plus des airs de choses qui relèvent de la bijouterie, de la cristallerie. Des airs à se briser net comme du Baccarat si jamais, par malheur, il avait fallu presser la touche « 60 degrés » d'une machine à laver le linge.

Le minuscule haut-parleur à rainures noires grésilla.

— Je vous ai vu arriver articula lentement une voix d'homme. « Montez. Rappelez-vous : 5e étage. Un seul appartement par étage. La minuterie est à droite dans le hall d'entrée ».

Nouveau grésillement. Puis, plus rien, jusqu'au choc huilé de l'ouverture de la porte. Les talons des escarpins noirs changèrent de claquement dès le seuil franchi et la porte refermée derrière. Maintenant, vers le voyant rectangulaire orangé de la minuterie, sur la droite, comme on avait dit depuis là-haut, le bruit était plus doux, plus tendre, presque. Le médius pressa encore une touche et le sol apparut : marbre veiné gris et beige. Le marbre est plus doux au choc que le granit...

Le hall était immense avec des glaces renvoyant à l'infini sa silhouette mais ce n'était pas fait pour impressionner la fille à la cape. Pour la rassurer au contraire, même si c'était la première fois qu'elle venait ici. Et n'avait encore vu ni d'Eve ni d'Adam l'homme à la voix lente et basse du système d'ouverture.

Elle se sourit à elle-même, toute seule sous le lustre Louis XV de la cage d'escalier.

— Un ascenseur à eau. Pas vu ça depuis longtemps...

Depuis longtemps... elle se mentait. A 24 ans, ce n'est pas si vieux, les souvenirs des surprises-parties bourgeoises, des dingueries dans les beaux quartiers avant de se dire qu'être étudiante à Sciences-Po, c'est ennuyeux comme les cours de la Bourse et que ça ne mène qu'à un mariage idiot, pesant et de toute façon râpé d'avance vu l'évolution des choses. A savoir, l'entrée dans son monde — son monde de naissance, haute bourgeoisie parisienne — des mal dégrossis de la nouvelle société. Alors, logique, avec un de ces accès de santé auxquels ses lointains ancêtres auraient applaudi, reconnaissant là l'atavisme d'un sang resté violent, elle s'était mise pute.

De haut vol, évidemment. On ne change quand même pas tout à fait de milieu en une seule génération.

Mahaut Huis-Oudry, fille de conseiller d'Etat, sœur de deux polytechniciens dont un passé à l'ENA (l'autre avait *pantouflé* dans une banque de Wall Street dès juillet 81) vérifia ses mèches dans la petite glace au mercure, un peu « fatiguée » côté reflet, de la cage d'ascenseur en acajou.

Ça l'excitait énormément et de plus en plus, au fur et à mesure qu'elle montait vers le cinquième étage dans cette boîte jolie comme une chaise à porteurs Louis XV qui la déposerait devant un appartement inconnu, mais dont elle connaissait par avance le luxe, quelque chose à faire hurler les entassés des HLM de la Courneuve...

« Luxe, grand luxe classique, lui avait dit Madame G. au cours de leur déjeuner, au Drugstore Publicis (salade de maïs, jambon d'York roulé autour d'une salade de mâche hachée et légèrement pimentée, yaourt et fruit, avec une demi-bouteille de Badoit et un verre de rosé de Bandol pour deux). Tu te sentiras chez toi, le client ne demande que de 11 h à 2 h du matin. S'il prolonge, quel que soit le délai supplémentaire demandé, quintuple ».

Quintupler, ça voulait dire : cinq cents dollars (soit plus de quatre mille francs) multipliés par 5, soit au total deux mille dollars de plus. Pas une bagatelle... seize mille francs au moins, soit vingt mille francs pour la nuit. A prolonger jusqu'à « plus soif ». Soit midi. Pas plus tard. Pour Mahaut Huis-Oudry, dite Nadia de son « nom de guerre » une nuit, ça ne dépassait pas midi, le lendemain.

L'ascenseur hoqueta mollement en s'arrêtant à l'étage. De ses deux mains sorties de la cape par les ouvertures gansées de cuir noir, Nadia ex-Mahaut s'énerva un peu avec les portes battantes de la cabine, puis la porte de fer forgé de l'étage. Quand elle se trouva enfin « libre » sur le palier à moquette rouge sang, elle avait sauvé ses ongles qu'elle examina pour contrôle, l'espace d'un instant. Dans le « réseau », sa fiche qui comprenait un échantillon de photos des plus correctes aux plus licencieuses et pornographiques, insistait sur ses ongles...

Dans ce monde nouveau où depuis 81, tant de bourgeoises se vendent pour payer l'IGF (1) son principal « argument », c'était ses ongles. Ses interminables ongles surtout pas peints, ç'aurait été trop facile, et idiot, vu que les autres filles y

(1) Impôt sur les grandes fortunes.

allaient du rouge à tout va, ne comprenant pas qu'il faut se singulariser ». Ses ongles qui révolutionnaient les nouveaux clients riches. Plus les princes arabes, heureusement, balancés depuis longtemps, depuis que les pétrodollars ne valent pas tripette. Mais les Américains, revenus en force. De bons gros Texans puissants qui giclaient des liasses de dollars supplémentaires chaque fois que les longs ongles propres et nets de Nadia jouaient avec des boutons cousus à Houston ou Dallas, extirpaient des choses qui évoquaient la vigueur brutale des rodéos de là-bas.

— *Don't move like a crazy horse,* disait-elle. *Be careful my nails!* (1) murmurait-elle avec ses lèvres ourlées de bourgeoise salace.

A tous les coups, avant qu'elle plonge, lèvres bourgeoises écartées, ils rallongeaient leurs dollars, et elle se disait qu'il était finalement stupide d'avoir décidé qu'à trente ans elle « raccrocherait » pour se marier. C'était si formidable de faire gicler un Texan, côté sexe comme côté dollars.

Juste avec les ongles.

***

Mahaut-Nadia aspira tout l'air du palier avant de presser le bouton de la sonnerie. Ce soir, si elle savait être adroite, elle allait non seulement se faire vingt mille francs, payables en dollars sur un compte étranger, mais elle allait aussi s'offrir un Français. Un compatriote, et d'une certaine

(2) Bouge pas comme un cheval fou ! Fais attention à mes ongles !

façon, cela ajoutait à l'excitation de se dire que, pourquoi pas, vu l'arrondissement et le lieu, elle l'aurait peut-être déjà rencontré ailleurs.

***

Ce fut comme une sorte de panique professionnelle. Le cœur de Mahaut-Nadia se mit à battre la chamade dans sa poitrine juste après qu'elle eut pressé le bouton de la sonnerie à droite de la lourde porte vernie.

Ses deux mains s'agitèrent sur les boutons de cuir de sa cape. Elle en oubliait presque de faire attention à ses ongles. Derrière la porte, elle entendait les pas qui venaient ! Les pas du client. Et elle n'arrivait pas à terminer son déboutonnage ! Elle en transpirait. S'il y avait une chose dont elle avait horreur, c'était de ne pas respecter le contrat. Le client avait dit : « cape ouverte, grande ouverte, sur le palier... Il avait dit aussi : cambrée, cuisses écartées, ventre en avant. Il avait insisté, avait expliqué Madame G. dans son étonnant vieux bureau digne d'un assureur rétro, avec son meuble « semainier » acheté aux puces : surtout le ventre en avant, sexe bien présenté...

***

Mahaut-Nadia terminait à peine sa présentation quand il y eut une sorte de couinement dans la porte. En vieille habituée des complications masculines, elle pigea qu'on lui donnait un délai — pas pour lui permettre de se présenter comme il fallait.

Par plaisir de la faire attendre.

Elle attendit, et ce fut très long. Jamais elle n'aurait osé consulter sa montre, à son poignet gauche. Elle restait là, cape ouverte à deux mains, seins fardés soulevés dans sa cambrure exagérée, offerte comme le reste : le ventre, l'aine ouverte, les cuisses ouvertes, l'ensemble de sa nudité ouverte sous la cape en loden. Elle eut tout le temps de mesurer la difficulté d'attendre, et de réfléchir au sentiment sadique qui prédominait en face. Mais c'était beaucoup moins dur que le client devait penser. Que les hommes sont bêtes... Pas habitués comme ils le sont au déshabillage, ils croient que ça vexe une fille de s'exposer, cape dégrafée, corps nu dessous. Bêtes à couper au ciseau... A peine pubère, une fille a pigé que son corps est fait pour être contemplé, et que c'est dans l'ordre des choses. Alors, une prostituée en quoi ça peut la vexer de poireauter, cape de loden écartée à deux mains, nue en dessous, sans même des bas, et chaussée d'escarpins vernis noir, devant l'œilleton d'une porte palière ? Elle se dit quoi, la prostituée ?

« Si je joue des hanches, si j'ondule, le client va me prendre pour une allumeuse. Or, il a payé pour que je joue les victimes. Pour qu'il croie que je suis une victime. Il paye mais il croie que je suis forcée, obligée, contrainte, que je souffre de m'exposer. »

Résultat, la vraie courtisane, de luxe ou pas, devant un œilleton de porte, rue Augry ou rue Saint-Charles (XVe arrondissement) joue le jeu. Pour le fric. Elle baisse les yeux, elle écarte les pans de sa cape sur son corps nu avec des mines de sainte Blandine. Elle souffre, qu'est-ce qu'elle souffre ! Elle est un congélateur de pudeur qui se révolte d'être ouvert et fouillé du regard. Et ça marche ! Le client y croit. Il n'a rien pigé. Si la fille est là, ce n'est pas parce qu'on l'a forcée à y être, c'est par ce qu'elle aime ça, qu'elle est fière de son corps, et qu'imaginer le regard derrière l'œilleton de la porte lui donne encore envie de tendre sa toison en avant, et qu'elle regrette de ne pas pouvoir séparer l'une de l'autre, à volonté, les lièvres de son sexe... !

⁂

Il se passa bien dix minutes avant que la porte ne s'ouvre enfin.

Nadia commençait quand même à se trouver imbécile avec son ventre tendu vers le vide sur ce palier de luxe. Derrière elle, l'ascenseur était redescendu depuis longtemps, appelé d'en bas par des fils de famille rigolards qui, heureusement, s'étaient arrêtés à l'étage au-dessous, et pas au-dessus, sinon ils l'auraient vue. Et le temps passé à attendre lui aurait rendu l'éventualité insupportable.

⁂

Dès le début de son « dressage » dans une propriété proche de Paris, non loin d'une sortie d'autoroute, Mahaut Huis-Oudry avait appris une chose essentielle, en plus de la nudité — trois mois de nudité absolue dans un lieu où apparemment seuls le jardinier et le chauffeur, portugais et maghrébin, de l'association, avaient des droits sur les filles : devant un client, on baisse les yeux. Les hommes sont comme ça, une fille qui ne les regarde pas, ça libère leurs fantasmes.

« Ne regarde jamais un client, répétait Madame G. Jamais. Tu te cantonnes au rôle d'objet. OK, tu n'en penses pas moins, mais un client regardé en face, c'est un client perdu. »

Elle n'avait jamais oublié. D'autant plus qu'au réfectoire de la propriété, quand une fille en dressage avait oublié de respecter le rite, son assiette restait vide. Et après le repas, elle était fouettée devant les autres, sans se plaindre. Aucune n'avait été forcée à venir. Il y en avait même qui regardaient le jardinier en face dans les yeux, par bravade, exprès pour « mériter » le jeûne et le fouet.

A de rares exceptions près, les filles emmenées à la propriété avaient toutes, un jour ou l'autre, fait exprès, de regarder le jardinier ou le chauffeur dans les yeux. Pour savoir ce que ça voulait dire que d'être punie.

Nadia — du nom qui lui avait été donné dès son arrivée à la propriété — avait été de celles qui était fichées par Madame G. comme :

« A provoqué plusieurs fois. Rapportera gros. »

***

Elle le savait : les clients du réseau de Madame G. connaissaient tout des filles fichées. Elle savait aussi très bien — on le leur disait à la fin du « stage » — que chacune avait un dossier, et sur le sien, il était expliqué qu'elle « aimait poser ».

Délicat euphémisme dont les photos accompagnant ledit dossier révélaient le sens exact. A savoir, un naturel exhibitionniste franc et massif qui la faisait classer parmi les filles à prix maximum.

***

Ce qui faisait que Nadia était une vraie pute, une des meilleures du réseau de Madame G. c'était qu'elle ne jouait jamais. Elle marchait droit, elle était franche, sincère, ouverte. Dans tous les sens du terme.

Et y prenant plaisir.

***

L'homme qui se présentait dans l'entrebâillement de la porte était plus petit qu'elle. Beaucoup plus petit, vu surtout ses escarpins surélevés. Elle l'observait par en dessous ses paupières professionnellement baissés, mais avec l'habitude de celle qu'un long dressage a obligé à examiner les gens sans avoir l'air de les regarder. Pure question de vision périphérique, comme disent les médecins ophtalmologistes. On regarde au sol, comme il faut, mais on sait voir au-dessus.

Le client était du genre fin de race culturiste. Un cas psychologiquement assez banal au fond, l'air plein d'éducation mais les tri et quadriceps avantageux. La taille fine, ventre rentré, les cuisses musculeuses dans le pantalon. Il essayait de se tenir bien droit, toujours très culturiste, mais ce qu'il n'arriverait jamais à dominer par ses exercices sans doute quotidiens, c'était la calvitie galopante à ses tempes. Front énorme, cheveux les uns après les autres au bord de la chute finale. Le cou était puissant, les épaules tendues pour se faire admirer.

« Il pleuvait en arrivant, se dit tristement Nadia, les jours de pluie, je tombe toujours sur des mecs à problèmes... »

— Veuillez me donner votre cape, dit le client, avant d'entrer... Merci...

Il attrapa le loden à plein bras, derrière elle, maintenant complètement nue, à part ses escarpins. L'ascenseur à eau remanœuvrait. Elle ferma les yeux : le client attendait...

Elle eut comme un soupir épuisé : non, l'ascenseur ne remontait pas plus haut, il s'arrêtait bien au-dessous, au troisième, sans doute.

— Faites-moi le plaisir d'entrer, fit le client, avec une pointe de regret dans la voix.

Il sourit.

— Madame G. m'a dit que vous saviez marcher bien cambrée.

Il insista.

— Votre jolie poitrine très offerte.

Il se recula précipitamment et Nadia lui trouva une allure de plus en plus déhanchée.

— Je vais au fond du couloir. Attendez, venez vers moi. Doucement. Bien cambrée. Voilà... C'est parfait... Ralentissez. Faites bien claquer vos talons... Voilà... Encore. Claquez des talons, claquez sur le plancher ! j'ai enlevé le tapis exprès.

***

Nadia haletait maintenant, bras et jambes en croix, au bout du couloir. Le client était tout contre elle et jamais avant elle n'avait autant eu l'impression d'un viol au bord d'être commis. En même temps, elle essayait de se dominer : sa profession n'était elle pas de se faire violer ? D'appeler le viol pour augmenter le tarif ? Elle gémit — et ce n'était plus de la frime — quand il lui attrapa les pointes des seins, tirant et tordant.

— Je crains qu'il n'y ait pas eu là-dessus autant de Venitex que je l'ai dit à Madame G., grogna-t-il.

Elle joua nerveusement des épaules.

— Je vous assure... Depuis ce matin, quatre fois. Et j'ai triplé la dose.

Il souleva de l'index, tour à tour, les pointes turgescentes.

— Désolé, petite madame, j'ai des boîtes de Venitex ici, les miennes font autrement d'effet. Tout ça n'est pas assez dressé.

Il se pencha, et se mit à éclater de rire.

— On se fiche de moi ou quoi, au réseau ? J'ai dit : les lèvres saillantes, le clitoris dehors... Je vois quoi ? Une misérable tentative d'ouverture dans la toison et quoi d'autre ? J'ai payé, non ? Et d'avance.

Nadia se tordait sous la main qui la fouillait.

— Monsieur, finit-elle par dire. Il y a malentendu, je vous assure...

Elle n'arrivait pas à poursuivre, et elle eut ce sentiment horrible : le « client » avait pitié d'elle...

— Je vous jure que je vous dis la vérité, balbutia-t-elle, madame m'a dit que vous...

Elle n'arrivait pas à poursuivre et c'était doux en même temps, comme elle savait que tout ça faisait partie du jeu.

— Vas-y, salope, jeta le petit homme aux yeux noirs.

Elle se détourna. Il fallait faire durer les choses si elle voulait arriver à ses vingt-mille francs.

— Madame m'a dit, reprit-elle avec un effort parfaitement singé, que vous désiriez m'enduire vous-même ici.

Il éclata de rire.

— Mensonge ! j'ai dit : Enduite avant. Présentée enduite !

Mahaut-Nadia se voûta.

— Pardonnez-moi, monsieur, c'est sûrement de ma faute.

Il lui releva le menton.

— Allons, idiote, je te pardonne. Viens, suis-moi. Pour ta poitrine, tu vas t'enduire toi-même au salon, et il y aura un photographe, ce sera ta punition.

Il lui fit signe de le précéder. Très bourgeois. Mais aussitôt après, il lui tapota les fesses comme on fait avec un animal.

— Petite ordure, tout est donc permis avec toi ! Ton dossier ne ment donc pas ?

Elle vira vers lui, nuque tordue, et fit ce qu'il est « interdit » de faire avec les clients : elle le fixa dans les yeux.

— Vous me plaisez, dit-elle avec une gravité feinte.

Il lui baissa doucement les paupières avec les doigts.

— Je connais les règles de ton dressage, fit-il,

j'ai compris, je ne suis pas contre te payer un peu plus.

Il rit.

— Pourvu que tu ne triches pas sur les conséquences qu'aura pour toi ton attitude provocatrice.

Elle dégagea son visage de ses mains comme une pouliche rétive.

— Tout dépend du tarif, fit-elle en le fixant.

Le petit homme aux yeux de noisette incandescente s'arrêta sur le seuil du salon.

— Tiens, tu me plais de plus en plus, toi... Alors, on va faire un accord. Je te garde jusqu'au lever du jour. Tu verras les fenêtres là-bas, du côté de l'est. Le lever du jour, en février, c'est tard, je te signale, vers 8 heures du matin, pas avant. Je te paye...

Il réfléchit, tout en l'observant, et elle se sentait de plus en plus nue sous son regard.

— Cinq mille dollars. Réglables à Genève, ça te va ? Tu peux me faire confiance.

Elle essaya de s'arracher à une imagination : le sexe de ce client étrange, pas encore vu.

— C'est d'accord, fit-elle enfin. A condition de connaître les conditions du supplément.

Il la fixa :

— Si tu savais comme c'est simple... Il ne s'agit que de t'enduire, et de poser, pour des photos, c'est tout.

Il éclata de rire.

— Juste poser, juste pour des photos.

Elle eut l'impression que l'air lui manquait.

— Et moi ? Je viens, je m'offre, et il n'y a rien ?

Il refermait doucement les portes du salon derrière elle.

— Rien quoi ? Tu t'imagines qu'on paye forcément une prostituée pour la f... ?

Il prononçait un mot horrible de précision. Elle avait une furieuse envie de partir.

— Oh, si le photographe veut, tu ne seras pas contre ? reprit l'homme aux yeux noirs.

Elle prit une longue inspiration.

— Il est comment, le photographe ?

— Tu vas savoir tout de suite. Viens, tu vas poser dans la pièce d'à côté.

Le salon qu'il lui fit traverser était un miracle de meubles Louis XV, de tapis de Perse et de bibelots rares. Deux chats angoras levèrent des paupières lourdes et blasées sur leur passage. Une nouvelle porte s'ouvrit. C'était fou ce que cet appartement pouvait être immense, et l'on n'entendait plus rien des bruits de la ville. Le silence absolu, mille fois plus parfait que dans la campagne la mieux protégée.

Mahaut Huis-Oudry, dite Nadia, se bloqua sur le seuil de la pièce nouvelle. Une sorte d'atelier de peintre à verrière donnant sur le nord, parquetée de chêne, avec un poêle à charbon qui rougeoyait dans un coin. Au fond, une estrade à rideaux rouges et sol moquetté de même couleur. Des chevalets supportant des natures mortes, des amas de tubes et de palettes, un électrophone ancien avec des enceintes incorporées comme on n'en fait plus, et surtout, qui se levait d'un fauteuil Voltaire à tissu bleu pétrole, une espèce de folle homosexuelle en jeans collant et tee-shirt blanc découpé jusqu'à faire paraître les poils de toute la poitrine sous une croix de Saint-André pendant au bout d'une lourde chaînette dorée à maillons carrés.

Trente ans, trente-cinq au plus, fardé, crépé, des boucles teintes auburn, et un sourire plus « Colgate » que nature entre ce genre de lèvres minces aux commissures fripées que seuls savent avoir les homos frénétiques.

Elle vira vers le brun aux yeux de noisette.

— Il y a maldonne, je suis venue pour être tronchée...

Le brun sourit :

— Le téléphone est là-bas, appelez votre patronne.

***

Mahaut-Nadia raccrocha, molle. Ce qu'elle venait d'entendre, de la voix de Madame G., c'était une engueulade en règle, et avec des arguments forts : le client avait versé d'avance le supplément dont il venait de parler.

— OK, fit-elle, je pose.

Le zombie à chemise ouverte se rua en avant.

— Merveilleux ! Je savais que ça marcherait.

Il s'avança vers elle et elle se détourna : rien de plus désagréable pour une femme qu'un homme inondé d'un parfum de femme.

— Plus vite elle est enduite, mieux ce sera, glapit-il.

Mahaut-Nadia regarda le tube de Venitex qui sortait d'un tiroir au-dessous des tubes de peinture de l'atelier. Cinq mille dollars payés d'avance, avait dit Madame G. au téléphone. Dont trois mille pour elle, Mahaut-Nadia, sur un compte aussi. A savoir à un taux d'imposition qui n'avait rien à voir avec le matraquage français.

— C'est un tube à dose triple, murmura-t-elle, je sais. La dose américaine.

Le brun aux yeux de noisette incendiée s'avançait vers elle.

— Bien sûr, ma belle, j'ai mes raisons.

Il lui désigna de l'index un canapé bas dans le coin de l'atelier.

— Tu vas t'allonger là-bas, tu t'écartes bien, on commencera par les pointes des seins. Pour bien voir l'effet. Puis on passera au sexe.

Il eut un bon sourire.

— N'aie pas peur. A New York, le mois dernier, j'ai vu enduire une fille avec ça exactement, je sais la dose, tu n'as rien à craindre.

Il se cabra.

— Si tu savais comme tu vas être plus belle dans une demi-heure ! Et tellement plus excitante.

Elle poussa un long soupir las.

— Pour qui ?... Pour quoi ?...

Le photographe dépoitraillé s'approcha d'elle, l'aidant à s'étendre sur le canapé.

— En fait, je suis une bête, fit-il. Ne crois pas que je me vante. Après les photos, je te jure que je te ferai bien jouir.

CHAPITRE II

Ce qui gênait Nadia, ce n'était pas la position dans laquelle on l'avait mise, en travers du canapé. Il y avait longtemps que ça ne la gênait plus, les désirs des clients, sont des ordres, puisqu'ils payent, et d'ailleurs, en vraie prostituée d'âme et de cœur, elle aimait obéir. Ça la révolutionnait secrètement. Parfois, ça la mettait même dans tous ses états, bien longtemps avant d'être prise. Si elle avait tant de succès, si on la demandait plus souvent qu'aucune autre fille au téléphone de Madame G., et surtout si on la redemandait immanquablement, c'était qu'elle ne singeait pas les cris du plaisir, comme les autres. Elle le prenait vraiment.

Mais là, tout était différent, et d'une certaine façon, c'était la première fois depuis le début de sa « carrière » dans la courtisanerie de luxe qu'elle éprouvait un malaise précis.

Celui d'être tombée à côté de la plaque. Pas tellement le problème du voyeurisme évident de son client et de son acolyte : les prostituées sont « tronchées » moins souvent qu'on le croit... Seulement, ce soir, il y avait une atmosphère particulièrement délétère dans l'atelier de la rue Angry, un je ne sais quoi de bizarre, de retenu, de pas normal du tout. D'évidence, elle était chez des pédés. Mais là n'était pas la question principale. La semaine dernière encore, un très haut fonctionnaire de ce genre l'avait payé une fortune rien que pour la voir se strip-teaser savamment devant lui, façon Crasy Horse Saloon dans les années cinquante, quand les spectacles étaient encore érotiques... Histoire de savoir si des fantasmes normaux lui remonteraient au ventre (réponse : non. Nadia s'était rhabillée, elle avait empoché et elle était repartie aussi intacte qu'à l'arrivée).

L'ennui, c'était l'intense désintérêt, visible comme deux et deux font quatre, des regards posés sur elle. Même pas un effort pour essayer... Rien, le vide total, l'œil blanc.

Pourtant, elle avait assez d'expérience pour savoir qu'elle était, écartée en croix sur le cuir fauve, fantastiquement excitante pour tout homme, même pour un pédé à 95 %. Mais ces deux-là devaient l'être à 100 %.

Rien à faire.

Elie était ouverte des cuisses et des bras. Ils lui avaient passé avant la pose une chemise de soie blanche qu'ils avaient relevée pour dégager les seins juste au-dessus de leurs pointes.

— Inutile de montrer le visage, inutile, avaient-ils dit avec des intonations de chaisière de Saint-Sulpice qui voit se transformer en rictus diabolique le visage de passion du Christ en croix au-dessus de son prie-Dieu.

Nadia avait pourtant fait ce qu'il fallait, professionnelle jusqu'au bout de la tension du cou en avant, du visage offert, des lèvres ouvertes, langue un peu sortie vers l'objectif.

Mais non. Ils la voulaient sans visage, juste un écartement de cuisses, pubis saillant, fente présentée au « Canon » monté sur pied en face d'elle.

— Permettez que Carl vous enduise lui-même un peu plus, fit le petit homme aux yeux noisette.

Il agita la main.

— Il le fera très bien, vous savez.

Nadia se laissa faire, haletante. La pommade Venitex dont elle s'était déjà empesé trois fois la fente du sexe était quelque chose de diabolique. Elle n'avait même plus envie d'en voir l'effet, comme tout à l'heure, en plongeant son menton dans sa gorge. La sensation seule lui suffisait pour deviner ce qui se passait, une fois que les doigts nerveux et souples à la fois de Carl se furent en allés. Jamais elle n'avait éprouvé une telle turgescence des grandes lèvres. Ni surtout des petites. Elle en était sûre : ces dernières devaient saillir, gonflées, tendues de sang à éclater. Si elle ne s'était pas cabrée, à la fin de l'enduisage, dans un sursaut de jouissance incontrôlée, c'était que vraiment elle devinait trop combien les mains du photographe étaient des mains ennemies malgré leur douceur. Sous n'importe quelles autres mains elle aurait hurlé à ameuter toute la rue tant son clitoris vibrait, aussi gros qu'un pénis d'enfant mâle sous la terrifiante puissance de l'enduisage.

Elle ondula doucement, cuisses et bras agités de tremblements. Des délires l'envahissaient. Des souvenirs de clients surdoués, d'étreintes fortes et douces qui lui avaient fait se demander, chaque fois, s'il n'était pas vraiment injuste de faire payer un homme qui vous rend si heureuse.

***

Des tintements de glaçons chutant au fond de verres la firent revenir à la réalité. Elle se laissa aller en arrière, essayant d'oublier le spectacle que devait donner son sexe dilaté, distendu, dont on devait pouvoir voir le fond, à la limite, tellement il s'ouvrait sous la puissance démente du produit gras à odeur pharmaceutique.

— Ecarte un peu plus la cuisse gauche, ordonna le petit brun. Voilà.

Il rit.

— Car, regarde bien le Courbet. C'est pareil.

Là, elle releva la tête, et ce qu'elle vit, derrière la bouteille de vodka Eristoff qu'ils vidaient à grosses dégoulinades sur leurs glaçons, lui fut une illumination.

On n'est pas bourgeoise de naissance pour rien, fille élevée dans un appartement où il y a une bibliothèque. Avec un rayon secret, tout en haut, où l'on va en cachette, les jours où les parents sont partis, voir un peu ce que cachent les couvertures. Le livre feuilleté ce jour-là, à quatorze ou quinze ans, elle ne se rappelait plus au juste, avait pour titre, *l'Art Erotique des Maîtres,* chez Julliard, avec une préface d'Henry Miller, et c'était fabuleux ce qu'elle y avait vu!... Des sexes, des écartèlements, signés de peintres du XVIIIe de Japonais ou de Chinois, des choses étranges d'artistes impressionnistes ou cubistes, et plus contemporains encore. Mais surtout, page 56, il y avait la reproduction en couleur, dans les bruns clairs et les orangés, d'un « torse » de femme par Gustave Courbet. Ça s'appelait « les Origines du monde », et c'était quoi ? Exactement sa pose actuelle, devant deux pédés, rue Augry !

A un détail près : A l'époque de Courbet, « les Origines du monde » avaient dû faire scandale parmi les rares privilégiés à voir le tableau. Aujourd'hui, c'était du banal. Artistique. Merveilleusement peint, mais banal.

Nadia sentit que son cœur battait de plus en plus la chamade : la disposition de la chemise de nuit qu'elle portait, l'écartement de la cuisse gauche demandé, c'était exactement les détails du tableau.

Sauf un : chez Courbet, on ne voyait qu'une fente. Nadia, elle, offrait une vulve dilatée, saillant de la toison bien au-delà de toute effronterie, et le clitoris tremblait, avide de caresses, droit comme un « I », rose à la hampe, rouge sang au bout.

⁂

Le Canon cliquetait, commandé par fil gansé avec pressoir digital au bout.

— Merveilleux, murmurait le petit brun. Exactement ce qu'il fallait.

Il y eut encore un moment de silence. Entrecoupé de bruits de changement de pellicule. Avec, en « toile de fond », de nouveaux tintements de verre.

— Ça va te suffire ? demanda le petit brun.

Carl se racla la gorge.

— Je crois que oui. Faisons quand même encore un rouleau.

Il replaçait l'appareil sur son socle quand Nadia se mit à pousser des gémissements incontrôlés.

— Je n'en peux plus, ça brûle trop... C'est atroce.

Elle se tordait.

Ils se précipitèrent vers elle.

— Ce n'est rien, ne t'en fais pas, ça va passer.

Elle se replia sur elle-même, mains collées au creux du ventre.

— Non, je vous assure, ça brûle. Qu'est-ce que c'est ce que vous m'avez mis. Vous êtes dingues ?

Carl se pencha, attrapant ses poignets. Il les écarta.

— Tu as envie d'être fourrée, c'est tout. Normal, la pommade est faite pour ça. Attends une minute.

Nadia se rabattit en arrière, inondée de transpiration. Quand elle reprit un peu conscience, un corps jeune et musclé qui aurait tellement pu être celui d'un hétéro doué se collait à elle, sentant vaguement l'eau de cologne. Le visage était gentil, avec des lèvres sensuelles et un nez un peu retroussé.

— Carl, balbutia-t-elle, fais-moi l'amour.

Elle se mordit les lèvres ; une chose énorme s'introduisit en elle, tellement énorme qu'elle se replia, yeux dardés.

— Oh, non ! hurla-t-elle, pas un gode ! Pas un gode.

Le photographe se releva un peu sur les coudes.

— Je suis désolé, je ne bande pas pour les femmes.

Autour de ses hanches, au-dessus du jean rabattu, il y avait une ceinture de cuir, une espèce d'architecture compliquée, juste pour maintenir en place le leurre de plastique noir fait à l'imitation d'un sexe en érection, collé à son entrejambes. Au-dessous du système, son propre sexe pendait, joli, enfantin.

Mou.

— C'était ça, ta promesse..., hoqueta-t-elle quand l'extrémité du leurre eut atteint le fond de sa gaine. Et tu prétendais que tu étais une bête... une bête truquée, oui...

Il se mordit les lèvres.

— On ne peut pas promettre ce qu'on ne peut pas tenir. Il faut bien utiliser des subterfuges.

Le subterfuge allait et venait, dur, parfait dans son imitation et il y avait quelque chose d'ahurissant dans ce va-et-vient trop bien réglé : contre la partie inférieure de son ouverture de cuisses, là où l'aine commence à se diviser en deux vers le sillon des fesses, Nadia sentait ballotter une sorte de petite saucisse tronquée, flapie, flottante.

Le vrai sexe de Carl, coincé sous les attaches du leurre de plastique noir, et qui devait se demander avec horreur ce qu'il pouvait bien faire entre les fesses d'une dame.

Sous les coups du boutoir truqué, le feu de l'enduisage ne se calmait pas. Bien au contraire. Chaque aller et retour des reins de Carl augmentait les palpitations cardiaques de Nadia. Il aurait suffi d'un rien pour que tout rentre dans l'ordre — les prostituées ne sont pas difficiles sur le cinéma... — il aurait suffi, tout simplement qu'il descende ses lèvres ourlées contre les siennes, qu'il l'embrasse.

Qu'il fasse semblant de l'embrasser.

Mais non, il n'y avait au-dessus d'elle que le visage contracté du pédé blond dont elle se demandait bien pourquoi il se pliait à ce jeu inouï : « Faire l'amour » par leurre interposé à l'ennemi de race de tout homo. Une femme. Une pute surtout.

Le ventre défoncé par l'objet plus vrai que nature, Nadia décida que le mieux était quand même de jouer le jeu. Elle contracta ses paupières et sa bouche, détourna son visage pour mieux se livrer à ses fantasmes intimes.

Sous ses reins, se disait-elle à la volonté, le cuir du canapé était celui du salon d'un homme rêvé, jeune, beau, riche et musclé. Il serait gentil, attentionné, mais quand même autoritaire, on se sentirait protégée. Mais il faudrait lui obéir... Au fond, qu'avait-elle cherché en décidant de se prostituer ? A multiplier les chances de découvrir un jour cet oiseau rare, vieux rêve des courtisanes à vingt ans... L'homme idéal va rarement à la pute. L'évidence de son erreur de base, de sa faute irrémédiable quand elle avait préféré se faire inscrire sur la liste de Madame G. — juste pour voir, juste pour ça... — au lieu d'accepter les offres de mariage des énarques pas tous boutonneux de son milieu, apparut à Nadia-Mahaut comme quelque chose d'énorme. A quoi était-elle arrivée ? A se faire prendre, sexe dilaté artificiellement, par un homo muni d'un leurre ! Gigantesque de dérision ! Son cœur battait de plus en plus la chamade, et sa conscience l'empêchait de fuir l'évidence : ce n'était pas normal, elle avait toujours eu une belle santé. Pourquoi soudain avait-elle l'impression que chaque battement de son cœur avait quelque chose d'une explosion atomique ? Répétée à chaque battement, et qui lui donnait des fourmillements dans les jambes, les bras, refroidissant ses extrémités. Provoquant un afflux de mouches volantes dans ses rétines dès qu'elle fermait les yeux.

Elle se revit, une petite heure plus tôt, courant, nue sous son loden, comme le client aux yeux noisette l'avait exigé, sur le trottoir de cette avenue privée, qu'est-ce qu'elle était heureuse, avant ! La vie était simple. Elle se donnait, elle se faisait payer et, plus souvent qu'à son tour, elle prenait plaisir...

Maintenant, un leurre d'une taille que jamais aucun des sexes d'homme qu'elle avait essayés, la ramonait avec cette violence exagérée des faux assauts.

Toute sa vulve, tout son clitoris appelaient frénétiquement l'orgasme, et il ne venait pas ! Tout ce qui se passait, c'était son exaspération encore plus atroce du feu de son enduisage.

— Carl, haleta-t-elle, je t'en prie, retire-toi.

Elle vira de la nuque vers le petit brun aux yeux incendiés.

— Laissez-moi repartir. Je vous en prie, je ne veux pas d'argent, je veux partir.

Les deux homos échangèrent un long regard.

— OK, finit par articuler lentement le petit brun. On te laisse tranquille, j'appelle un taxi.

Il sourit.

— Je paye quand même, finalement, j'ai eu ce que je voulais.

Nadia s'était rabattue, poitrine secouée de frénétiques aspirations.

— Ha ! ha ! cria-t-elle.

Il reposa le combiné de son téléphone.

— Qu'est-ce qu'il y a ? Ça ne va pas ?

Des yeux cernés d'un noir subit le fixèrent. Nadia le regardait, visage tendu.

— Relevez-moi, je vous en supplie. Remettez-moi ma cape...

Ils se précipitèrent. La rhabillant avec des gestes désordonnés, la portant jusqu'au palier. Sa tête battait de droite à gauche, boucles blondes secouées. Elle avait la bouche ouverte comme une nageuse surgissant à la surface après une interminable plongée en apnée. Ses chevilles se tordaient au-dessus de ses escarpins vernis et elle griffait son loden, à hauteur de poitrine, avec ses ongles qui se cassaient un à un.

***

Mahaut Huis-Oudry, prostituée par curiosité chez Madame G. sous le nom de Nadia, mourut d'un infarctus net et franc, tout simplement, au moment exact où les deux plus curieux clients de sa carrière l'enfournaient entre les portes d'acajou battant de l'ascenseur à eau de l'immeuble de la rue Augry.

Elle lâcha la vie comme ça. Lentement pesante, tout à coup, entre les quatre bras de ceux dont la pommade spéciale, appliquée avec juste un peu d'exagération, avait désordonné jusqu'à la catastrophe son rythme cardiaque. Elle leur glissa littéralement des mains et s'affala, à une heure du matin, sur la moquette bordeaux de l'ascenseur, visage retourné, yeux très vite glauques. La cape en loden s'était relevée dans la chute, les hanches, les cuisses et les jambes s'offraient, ouvertes sur le sexe toujours distendu. L'escarpin du pied gauche s'était à demi déchaussé, libérant la très gracieuse cambrure d'un cou-de-pied racé.

Comme ils s'étaient reculés tous les deux, horrifiés, les portes battantes de la cabine s'étaient repliées sur le corps à la hauteur de la taille, et ça donnait un tableau qu'un peintre érotique aurait aimé signer de son pseudonyme. Une bourgeoise affalée sur le dos, dénudée du bas, entre ascenseur et palier, ouverte, sexe gonflé, escarpins noirs vernis et mains aux ongles cassés abandonnées de chaque côté d'elle, paumes ouvertes.

***

La minuterie de la cage d'escalier arriva au bout de son temps. Noir subit. Carl se rua vers le bouton lumineux, à côté de la porte de l'appartement.

— Qu'est-ce qu'on va faire ? bredouilla-t-il, exorbité.

Le petit brun le fixa.

— D'abord, on la tire par les jambes hors de l'ascenseur, on la rentre dans le hall. Puis on se tape une double rasade de vodka Eristoff, on en a besoin, non ?

Il partit d'un rire nerveux.

— Tout de suite après, toi, tu t'enlèves cette chose ridicule.

Carl plongea, menton dans le sternum, vers le leurre qu'il portait toujours.

— Ah, tu as raison, j'oubliais.

Il éclata brusquement en sanglots.

— C'est affreux, geignit-il. Affreux. Qu'est-ce qu'on va devenir ?

***

Sur le parquet bien ciré, dans un recoin du hall de l'appartement, le corps de Mahaut Huis-Oudry avait l'air d'un paquet bien net dans sa cape de loden soigneusement rabattue autour de tout ce qui pouvait paraître de sa nudité. Seuls dépassaient les escarpins vernis noirs, et la main droite. Avec ses ongles du pouce, du médius et de l'annulaire, brisés nets à ras.

Le petit brun termina son verre d'une lampée brusque.

— Vas chercher le fouet à chien, fit-il.

Il rit, acide.

— Pour une fois ce ne sera pas sur moi. Lacère-là. Elle est morte, mais depuis pas trop longtemps. Le sang coulera. Lacère-la bien. Partout. Puis on la sortira d'ici.

Il remua son verre vide.

— Bois de Boulogne. Un fourré. Tu as une autre solution ?

Carl inclina la tête vers le corps de la prostituée.

— Elle était belle, murmura-t-il. Je n'aime pas les femmes, mais elle était belle.

Il sursauta au bruit du piétinement des talons sur le parquet du hall.

— Raison de plus pour la massacrer au fouet à chien ! hurla le petit brun. Tu piges, ou quoi ? Il faut faire croire à un crime de sadique. Elle serait morte sous les coups.

Carl se redressa, passant lentement sa main droite dans ses mèches bouclées.

— J'ai pigé depuis cent ans, fit-il d'un ton las. L'ennui, c'est que Madame G. sait que la fille était ici ce soir.

— OK, elle sait. Alors quoi ? Toi, tu fais ce que je te dis. Puis tu transportes le corps jusqu'au Bois, tu l'abandonnes dans n'importe quel fourré, je m'en fiche. Moi, je m'occupe du problème de la mère maquerelle.

Carl se cabra.

— Ça va faire deux mortes...

Un rire fou lui vrilla les tympans.

— Ça fera deux mortes, et alors ? Tu as envie d'en être réduit à accumuler les preuves de bonne conduite à Clairvaux ou aux Baumettes pour obtenir d'hypothétiques permissions de sortie ? Pas moi. On est coincés, il faut risquer le tout pour le tout.

La courte silhouette musclée se rapprocha du grand blond aux boucles collées sur le front par la transpiration d'angoisse.

— Mon poulet, mon chéri, mon amour, on a les photos, le tableau est pratiquement fait. Il y a eu un accroc, d'accord, mais un peu de courage et tout est sauvé.

Carl parut soudain frappé par la foudre.

— Merde, fit-il, tu as appelé un taxi pour la fille, tout à l'heure...

Le petit brun vacilla un instant.

— Attends, attends...

Il se concentra, puis finit par partir d'un rire dément.

— Aucune importance, je ne lui ai pas donné mon adresse, juste ceci : rue du Ranelagh, au coin de la rue Angry. Ça brouille les pistes, non ?

Carl fronça les sourcils.

— Espérons...

— Espérons quoi ? Le chauffeur de taxi de nuit qui attend peut-être encore à l'heure qu'il est, il sait quoi ? Rien. La pute ? Il ne connaît pas. Nous, il ne connaît pas. Ne te fais pas plus idiot que tu n'es. Il s'est dit, ou il va se dire s'il est encore là à poireauter, qu'on l'a blousé, et ce n'est pas la première fois. Alors, il repartira, aigri, essayant de draguer un client de passage. Ne t'en fais pas pour lui. A l'heure qu'il est, ça grouille sur les trottoirs, les amants, les amantes, les fêtards en chasse d'un taxi

Et » quoi ? Tu n'as jamais appelé un taxi par téléphone pour t'en ficher comme de l'an quarante une minute plus tard ?

— Ça, c'est vrai, admit Carl. N'empêche...

Deux yeux noirs feu se dardèrent sur lui.

— Cesse de gamberger, parano, on a du boulot.

Il agita l'index :

— Et n'oublie pas l'essentiel : on a ce qu'il faut

pour le tableau. Dès demain, on développe les clichés, et tu complètes le travail.

Il flatta la nuque de Carl.

— Rembrandt, va...

CHAPITRE III

En février, à Paris, les belles journées ensoleillées sont plus fréquentes qu'on ne croit. Il suffit d'un bon coup de vent d'est, sec et propre, pour balayer du ciel les nuages et leur cortège d'averses ou de brumes lourdes.

L'ennui, dans cet éclat de soleil de début d'après-midi, au beau milieu du bureau du commissaire divisionnaire Charlie Badolini, patron de la Brigade Mondaine, au deuxième étage du 36, quai des Orfèvres, c'est que toute cette lumière joyeuse éclairait, sur le cuir fauve du bureau Empire du mobilier national, des clichés horribles.

Ils étaient trois à regarder ça, Charlie Badolini, et puis Boris Corentin, inspecteur divisionnaire de la section des Affaires Recommandées et Aimé Brichot, inspecteur principal de la même section.

— Dégueulasse, murmura Corentin en se reculant.

Sa haute silhouette bretonne d'athlète surentraîné au stade de l'ASPP (1), au bois de Vincen-

(1) Association Sportive de la Préfecture de Police.

nes, évolua avec des allures de fauve vers la fenêtre. Il s'y appuya du coude, contemplant une péniche luttant contre le courant, un peu plus bas.

Aimé Brichot se cabra à son tour, et partit s'asseoir sur une des chaises Louis XVI faisant face au bureau du patron.

Après des années d'enquête, qui leur paraissaient représenter des siècles, ils n'arriveraient donc pas à être blasés les uns et les autres ? Même le patron, « Baba » pour les intimes, avait du mal, malgré sa longue expérience, à admettre la réalité de ce qui était étalé, en clichés de papier glacé éparpillés sur le coin du bureau.

***

La fille avait un beau visage entre ses boucles, ourlées sans doute l'après-midi même précédant sa mort chez un bon coiffeur. On connaissait d'ailleurs le nom et l'adresse du salon : Carita, rue du Faubourg Saint-Honoré. Ça n'avait pas été très difficile à trouver : le visage de la morte était intact, encore très beau et désirable, et fiché depuis des années à la Brigade Mondaine.

Mahaut Huis-Oudry, 25 ans, fille de conseiller d'Etat, étudiante de Sciences Po passée à la prostitution sous le nom de Nadia dans le réseau de Madame G.

Les photos étaient une épouvantable litanie d'horreurs qu'il faudrait avoir le courage, une bonne fois pour toutes, de passer à la télévision aux heures de grande écoute pour faire comprendre aux filles écervelées ce qu'elles risquent à vouloir tenter le diable. Le plus atroce, ce n'était pas les traces de fouet, partout, y compris sur les seins. Ni le sexe visiblement « écartelé » par un de ces produits à enduire bien connu des milieux désaxés de la capitale. C'était, finalement, l'espèce de tranquillité douce du visage au-dessus de tout ça, et les jolies mains, longues, racées, aux ongles cassées un sur deux.

Le gâchis de la beauté, le gâchis de la jeunesse...

***

— Revenez un peu, vous deux, vous voulez bien ? lança Charlie Badolini, tirant comme un drogué sur sa Celtique maïs.

Il fixa dans les yeux Boris Corentin, arrivé le premier.

— Votre impression ?

Boris Corentin haussa lentement ses épaules puissantes.

— Patron, pourquoi me poser une question que vous vous posez vous-même ? Parce que vous savez bien quelle est la vraie question, et c'est celle-ci : hier matin, à l'aube, un employé de la voirie du bois de Boulogne a trouvé cette fille de nos photos dans un fourré tout à côté du Racing-Club. Et à peine la trouvaille nous parvenait-elle, avec l'identification de la fille, qu'on apprenait que sa mère maquerelle, la Madame G. bien connue, avait été découverte assassinée chez elle d'une balle de 6,35 en plein front, comme ça. Dans son lit. En chemise de nuit rose à dentelles. Trois heures après la mort de la meilleure de ses gagneuses, si j'en crois le rapport du médecin légiste. Alors ? Excusez-moi, mais mon impression !

» Je suis comme vous, je n'en sais rien ! Je ne pense rien !

Charlie Badolini toussa une bordée de fumée jaunâtre.

— Pour l'instant, monsieur Corentin, pour l'instant seulement, j'espère.

Corentin se releva.

— Monsieur le Divisionnaire, sourit-il, pour une fois qu'on a une énigme bien parisienne à se mettre sous la dent, vous vous imaginez sérieusement que je vais faire la fine bouche ?

Charlie Badolini joua de sa Celtique maïs entre index et médius, comme s'il trouvait vraiment drôle ce petit jeu de doigts.

— Vous n'auriez pas intérêt, monsieur Corentin, parce que je vous mets sur l'affaire illico avec l'inspecteur Brichot, ici présent.

***

Ghislaine Duval-Cochet s'étira, bras écartés et relevés, paumes des mains soulevant derrière sa nuque ses lourdes boucles de vraie blonde.

— Comment tu trouves ? fit-elle, lèvres tendues, bien rouges, en forme de baiser interrogatif.

Boris plongea sa fourchette dans les jolies petites pommes de terre noisettes Findus cuisinées par Ghislaine au sortir du congélateur, dix minutes plus tôt.

— Fameux, mâchouilla-t-il. Dommage qu'il n'y en ait pas plus.

— Pas plus ? fit Ghislaine. Tu es gonflé, je fais assez d'effort, côté quantité.

Il abandonna sa fourchette dans son assiette.

— Désolé, je ne pige pas.

Au milieu du living-room de la rue de Turbigo, une longue silhouette de fille nue juchée sur des escarpins très hauts et vernis noirs — recommandation expresse du locataire des lieux quand on lui avait téléphoné pour lui demander si on pouvait venir dîner chez lui ce soir — parut prise d'une danse de Saint-Guy ultra-frénétique.

— Ah ! tu as la pêche, toi ! explosa Ghislaine. Je viens, je me mets à poil pour satisfaire tes fantasmes, je te fais la cuisine à poil, avec ces talons hauts qui me tordent les chevilles, je te suce avant de passer à table, sans contrepartie immédiate, j'attends la promesse d'un tronchage après la poire et le dernier verre de rouge, je gigote, je joue des épaules et du reste et tout ce que tu trouves à dire, c'est : « je ne pige pas ».

Elle s'avança, dansante, poitrine secouée.

— Ah ! tu ne piges pas, salaud ! Où tu as mis tes yeux. Regarde, mais regarde !

Elle lui exhibait à ras des narines ses seins soulevés à deux mains.

— C'est pas du beau, ça ? C'est pas du gonflé ? Et les tétons — c'est le nom, après tout — c'est pas du beau spectacle bien saillant, bien pointu ? Tu es un homme ou quoi ? Tu n'as pas remarqué ?

— Remarqué quoi ? fit-il, placide, en se resservant des pommes noisettes.

Ghislaine faillit avaler sa langue de rage.

— Ah bon ! Tu n'as rien vu ?

Elle projeta ses hanches en avant, cuisses ouvertes.

— Et en bas, tu n'as rien vu ? Tu n'as pas remarqué que...

Elle se détourna.

— Boris... tu te fiches de moi ou quoi ?

Elle le fixa de biais, très Maria Callas dans le « jeté » de la mèche théâtrale.

— Boris, reprit-elle, depuis le temps qu'on se connaît. Anchorage Singapour (1)... tu n'as pas vu...

Il se fit plus bête que nature :

— Il faut que je voie quoi ?

— Bon Dieu, mais que j'ai les seins gonflés, et les lèvres du ventre gonflées aussi !

Elle ondula.

— Pour mieux t'exciter, mon chéri.

Boris abandonna sa fourchette et s'essuya délicatement la bouche avec sa serviette.

— Tout ce que je vois de clair, fit-il, c'est que tu as la chair des seins tendue à craquer, pas seulement dans la zone du bout. Avec des veinules bleues pas normales sur les globes, et, en bas, quelque chose de malsain qui écarte de part et d'autre ta toison.

Il hocha la tête.

— Ghislaine, tu es adorable, et je t'adore. Mais ne plonge pas dans cette folie à la mode. C'est dangereux.

Elle se bloqua, mangeant sa lèvre inférieure avec les dents du haut tout le temps de sa

(1) Voir Brigades Mondaines, n° 26 (*le Bouddha vivant*) et n° 46 (*les Amants de Singapour*).

réflexion, puis elle vint s'asseoir juste à côté de lui.

— Tu causes, tu causes. Les talons surélevés, c'est fou aussi, et tu me les as bien demandés.

Il rit.

— Tu veux que je te dise ? Ça, c'est normal, et je trouve même qu'ils ne sont pas assez hauts, ta cambrure du cou-de-pied supporterait plus, dans le propre intérêt de ta ligne de jambe. Mais la pommade, ça, non. Jamais. C'est là que tu dérailles.

Elle sursauta, faisant trembloter sa poitrine.

— Qui t'a parlé de pommade ? mentit-elle.

Il remplit leurs verres tour à tour. Un bordeaux « Mille Secousses » 1981, vraiment bien nommé pour l'occasion.

— Mon petit doigt.

Elle partit d'un fou rire irrépressible.

— Ton petit doigt à pommader les seins et le sexe des filles, mon salaud !

Boris prit la main de Ghislaine.

— Arrête de plaisanter, fit-il avec un sérieux dans le regard et le ton qui la glaça, ce que tu as mis, c'est du Venitex, non ?

Elle battit des paupières, mi-surprise, mi-gênée.

— Ben oui, et alors ? C'est le truc à la mode. Faut bien vous réveiller un peu, les hommes...

Boris se leva, allant mettre sur l'électrophone un disque de Night Fly. *New Frontier*. Un air qu'il aimait bien.

— Ghislaine, tu vas m'écouter, reprit-il, l'air ailleurs dans la fumée de la Gallia qu'il avait allumée avec un briquet jaune acheté par hasard au tabac du coin et où il était écrit en lettres rouge bordées de noir : « Vromm... » Bizarrerie des achats de briquets à 5 francs...

Elle rejoignit ses genoux qu'elle avait ouverts.

— Je t'écoute, mon amour, mon Dieu, mon Maître...

Il agita la main, faisant voleter un nuage compliqué de volutes bleuâtres.

— Hier matin, on a retrouvé dans un fourré du bois de Boulogne une prostituée de luxe. Ton âge, ta classe sociale. Mais si, les bourgeoises se prostituent aussi... Elle était cravachée sur tout le corps, abominablement. Mais les médecins légistes sont de vrais pros, on l'avait cravachée après sa mort. Cause de la mort ? Arrêt cardiaque, quasiment l'infarctus. A 25 ans, tu te rends compte ? Ton âge !

— Elle était prédisposée, lâcha Ghislaine.

— Non. Parfaite santé de base. Seulement, elle était enduite, et au Venitex. Enduite à mort, c'est le cas de le dire.

Il agita la main.

— Comprends-moi, ma poulette, tes seins durcis, ton ventre turgescent, comment veux-tu que ça m'excite après les photos de la fille du bois de Boulogne ?

Il avança sa main musclée, flattant progressivement les cuisses nues de Ghislaine jusqu'à atteindre le creux de l'aine.

— Tu es une curieuse fille, trop influencée par la mode, reprit-il, et, d'une certaine façon, tu doutes de moi.

— Je ne vois pas, mentit-elle en écartant ses

cuisses comme en catimini pour permettre à la main de Boris de progresser plus avant.

— Mais si, tu utilises des trucs, tu veux te faire saillir les seins, te gonfler les grandes et les petites lèvres, tu as vraiment besoin de ça avec moi ?

Ghislaine se détourna :

— On se connaît depuis si longtemps... Tu dois en avoir marre de moi.

Il sourit, ses doigts habiles progressant vers une zone chaude et humide qui se laissait écarter, fouiller, pénétrer.

— Tu crois vraiment ?

Elle battit des paupières.

— Je ne sais plus, avoua-t-elle, j'ai tellement peur de te perdre.

Il l'abandonna, se mettant debout.

— Si tu ne veux pas me perdre, comme tu dis, idiote, petite idiote, moi qui ai peur de te perdre de mon côté, jette ton flacon de produit de folie à la poubelle et va t'allonger là-bas sur le lit, cuisses relevées, bien ouvertes à deux mains : mon seul aphrodisiaque c'est ça : le con de Ghislaine ouvert à deux mains. Pas gonflé d'avance, gonflé quand j'y entrerai. Pas avant, tu as pigé ?

***

La couverture de tissu matelassé achetée chez Habitat grattait le dos et les fesses de Ghislaine, mais qu'est-ce qu'elle s'en moquait ! Mains crochées aux jarrets, jambes en l'air, elle hurlait de bonheur sous l'assaut d'une espèce de voyou à boucles noires un peu parsemées de gris aux tempes qui lui défonçait l'entrejambes en poussant des grognements de fauve.

— Salaud, salaud..., fit-elle avec des entrechoquements de dents, vous êtes vraiment tous les mêmes.

Il se releva sur les coudes.

— Si tu ne veux pas, je ne t'oblige pas.

Elle happa goulûment ses lèvres.

— Qu'est-ce qui t'a dit que je ne voulais pas... Ha ! Ha ! Non !... Non... Je veux dire : oui !... Ha ! salaud, espèce de vrai salaud !...

***

A trois heures du matin, le sexe et les seins de Ghislaine Duval-Cochet étaient plus turgescents que jamais sans qu'aucun enduisage de pommade à la mode ne les ait exaltés. Simplement, le fauve, son fauve de flic de la rue de Turbigo, s'était réveillé après deux petites heures de sommeil et, la tirant vers lui par sa toison attrapée à pleine main, comme ça, sans crier gare, il lui avait ouvert de nouveau vite fait bien fait les cuisses avec ses cuisses à lui, grattant de poils bouclés, impérieuses de muscles, et ce qui avait le plus vite déclenché son orgasme, ce n'avait pas été tellement la rudesse de l'assaut, mais le goût moite et mouillé des lèvres encore ensommeillées qui avaient attrapé les siennes tandis que plus bas, pas tellement plus bas, une sorte de pieu surprenant s'introduisait.

Là où toute femme rêve qu'on s'introduise par surprise, au milieu de la nuit, sans ménagements pour le sommeil interrompu. Quel rêve, même le plus doux, tient la route en face d'un tronchage surprise de trois heures du mat ?

***

La sonnerie du téléphone grésilla, merveilleuse comme un couteau dans une plaie, un peu avant sept heures.

Boris décrocha d'une main hésitante.

— Ah, patron, c'est vous... Non, vous ne me réveillez pas, pensez donc... Oui, je vous écoute...

Quand il eut raccroché, Ghislaine lui tendit son ventre, draps rabattus.

— Tu vois, l'effet du Venilex, c'est fini.

Elle s'agita.

— Mon Venilex à moi, c'est toi, viens...

Boris se releva, sortant les jambes du lit. Il finit par s'asseoir, tête dans les paumes des mains.

— C'était ton ami Badolini.

— Ah ! Et qu'est-ce qu'il voulait ?

— M'envoyer au turbin illico presto.

Ghislaine rangea les draps autour d'elle.

— Ça devient idiot à la fin, toutes ces histoires de flics. Tu n'as plus ton temps à toi, ni pour moi. Démissionne. Je vais te trouver une place dans mes affaires de mode.

Il vira, décoiffé.

— Merci bien, je ne pourrais plus te commander.

Elle cilla.

— Ça c'est vrai. Je dis une connerie, ton indépendance, c'est capital. Mais quand même, Baba exagère, sept heures du matin pour téléphoner, ce n'est pas une heure de bureau !

Il se pencha.

— Tu comprendras un jour que je suis flic parce que j'aime ça ? Que je m'en fiche d'être réveillé au téléphone ? Au contraire.

Ghislaine s'allongea tout à fait, draps relevés à ras du menton.

— OK, OK, flic tu es, flic tu me plais.

***

Rasé de frais, baigné, coiffé, habillé, cravaté, Boris se pencha sur le lit où Ghislaine s'était enfouie sauvagement, juste deux ou trois mèches sortant du tout, pour échapper au remue-ménage venu, depuis une demi-heure, de la kitchenette et de la salle de bains.

— Je te revois quand ? interrogea-t-il en embrassant les mèches.

Les draps gigotèrent côté hanches.

— Je ne bouge pas d'ici, j'en ai marre de mon duplex.

Il rit.

— Tu t'installes, alors ?

Les draps ondulèrent.

— D'une certaine façon...

Il caressa des formes.

— Ne compte pas sur une idée de mariage, surtout. Je n'épouse pas.

Le visage de Ghislaine gicla hors des draps entre ses mèches blondes.

— Qui est-ce qui t'a dit que je cherchais le mariage, ordure ? Je suis libre, et je veux le rester.

Il se releva.

— Ça va ! Arrête, j'ai assez de problèmes comme ça aujourd'hui.

Elle le fixa, bouche bée.

— Rien de grave au moins, Boris ? Dis-moi tout, Charlie est un ami.

Il secoua la tête.

— Je sais, mais je voulais dire simplement ceci : l'affaire de la prostituée au Venilex dont je t'ai parlé cette nuit, tu sais pourquoi, eh bien, elle est plus complexe que je ne croyais.

Ghislaine sortit complètement des draps, du moins côté buste. Boris étudia longuement le balancement des seins aux pointes mâchées cette nuit par ses propres dents.

— Je vais peut-être avoir besoin de toi, reprit-il.

— Pour ne pas changer, soupira-t-elle, heureuse.

CHAPITRE IV

Le soleil du matin dans les yeux, c'est dur, après une nuit d'amour… Boris Corentin clignotait des paupières, luttant pour faire bonne figure devant le patron.

Charlie Badolini alluma une Celtique maïs.

— Je puis me permettre un pari avec vous ?

Corentin s'inclina.

— Evidemment, patron.

— Parfait… Je sais qui vous vaut cette mine de papier mâché.

Il sourit finement.

— Un nom double avec un trait au milieu. Un prénom, hélas pour elle, devenu trop à la mode chez les filles de bien après sa génération.

Corentin releva le nez.

— Ça va, j'ai pigé, monsieur le Divisionnaire. Comment vous savez ?

Charlie Badolini happa avec ses lèvres gourmandes la cigarette qui, vu son âge, était sa seule connexion restante avec les appétits buccaux, réservés à d'autres « jeux » chez les gens plus jeunes que lui.

— Si vous avez trouvé Ghislaine chez vous hier

soir en rentrant, c'est à cause de moi. Elle m'a appelé dans l'après-midi.

Il sourit.

— Vous avez toujours dit que votre porte n'était jamais fermée à clé. Pas de ma faute si elle s'est installée chez vous.

Corentin croisa les jambes.

— Vous ne m'avez pas convoqué pour ce petit détail intime, tout de même.

La Celtique maïs fit un aller-retour rapide de la bouche de Charlie Badolini au cendrier installé confortablement au milieu des dossiers.

— Non, bien sûr.

Il marqua un temps d'arrêt.

— On sait où était cette prostituée de haut vol avant qu'on la retrouve dans un fourré du bois de Boulogne, chez un dénommé Edgar Andreat. Adresse : 12 rue Augry, dans le seizième. Une rue privée donnant rue du Ranelagh. Profession : Pompier d'entreprise.

— Pompier de quoi ? s'écarquilla Corentin.

Charlie Badolini sourit.

— Un de ces financiers qui se chargent, moyennant argent, de mettre au net les affaires des entreprises en difficultés. Une profession qui marche bien par les temps qui courent.

Il écrasa sa cigarette dans le cendrier.

— L'expression « pompier » est un rien cocasse dans le cas précis : Edgar Andreat, dernier client de la prostitué Mahaut Huis-Oudry, dite Nadia, est un homosexuel notoire. Spécialiste, au temps où elles existaient encore, des pissotières. J'ai des « blancs » sur lui, vous les consulterez tout à l'heure. Il a été trois fois sauvé, par relations, de la correctionnelle. Depuis un an ou deux, il s'est mis aux travestis.

Boris Corentin soupira :

— Ça se complique vraiment, non ?

Il se pencha.

— Pure question de détail, patron : comment vous savez tout ça ?

Charlie Badolini prit l'air ravi.

— Mais, mon cher, parce que je bosse pendant que vous vous envoyez Ghislaine. Figurez-vous que Madame G. enregistrait tout sur cassettes. Mois après mois. On a retrouvé la cassette de ce mois-ci, on l'a écoutée.

« Et c'est comme ça qu'on a appris, par voix d'outre-tombe, que sa meilleure gagneuse, notre Mahaut Huis-Oudry, avait pour client, avant-hier soir, 12, rue Augry ce vieil homosexuel d'Edgar Andreat...

Corentin s'inclina.

— Bravo, patron. Maintenant, je suppose que c'est à moi de chercher à savoir pourquoi un homo notoire a payé une célèbre pute pour venir chez lui.

Charlie Badolini recula jusqu'au dossier de son fauteuil Empire ses maigres épaules de Niçois tabagique.

— Ce qu'il y a de merveilleux avec vous, monsieur Corentin c'est que, même après une nuit agitée, vous pigez au quart de tour les problèmes professionnels que vous vous êtes engagé par contrat à tenter de résoudre.

Corentin se leva.

— Vous avez dit : tenter, patron ?

Charlie Badolini approuva, surpris.

— Eh bien, reprit Corentin, je ne vais pas me contenter de tenter de résoudre le problème, je vais le résoudre, croyez-moi.

Le commissaire divisionnaire Charlie Badolini étudia d'un regard long l'athlète breton qui représentait exactement le fils qu'il n'aurait jamais.

— Je compte sur vous, Boris, je compte vraiment sur vous, j'en ai besoin. Pour l'honneur de la Brigade Mondaine.

CHAPITRE V

Le lendemain matin, Boris Corentin fut bien obligé de faire ce qu'il haïssait le plus au monde : annoncer une mauvaise nouvelle au chef de la Brigade Mondaine.

Il le fit sans remettre à plus tard l'instant douloureux. Sachant trop que, dans ces cas-là, reculer pour mieux sauter, c'est s'empistrouiller encore plus dans la vase.

Il appela la ligne directe ultra-confidentielle de Charlie Badolini, celle qu'il décrochait lui-même, sans passer par son secrétariat, depuis la première cabine téléphonique publique trouvée en état de fonctionnement — trois essais pour rien avant... —, avenue Mozart.

— Patron, fit-il, dès que le décrochage électronique de la communication eut fait tinter sa pièce d'un franc dans le boîtier métallique devant lui, c'est Corentin. Il y a un os.

Il souffla un peu.

— Le dénommé Edgar Andreat, propriétaire de l'appartement où la fille a trouvé la mort, n'habite plus là depuis six mois. Il vit en Argentine.

A l'autre bout de la ligne, Charlie Badolini fut pris d'une de ses fameuses quintes de toux tabagique.

— M... ! Ça démarrait trop sur les chapeaux de roue.

— C'est ce que je me suis dit aussi, patron. Alors, voilà le topo exact. J'ai vu la concierge et les voisins du dessus et du dessous. Le départ d'Andreat ne fait pas l'ombre d'un doute, et personne ne l'a revu depuis six mois. Explication logique : c'est un de ces richards excédés par la tournure politique française et qui s'est expatrié dans un endroit où il a d'autres intérêts et où la vie doit lui paraître plus facile. Autre chose, en plus : sa description physique ne correspond en rien à celle de l'occupant des lieux depuis une huitaine de jours. Andreat est grand et blond, avec une vague ressemblance avec Charles Trenet. L'ami que la concierge et les voisins ont vu depuis 8 jours est petit et brun, 45 ans, costaud, les yeux perçants.

— Son nom ? La concierge doit bien le savoir.

— Non, je suis désolé... Vous savez ce que c'est que les homosexuels. La confrérie-fourmilière. Depuis six mois, ça n'arrêtait pas de se succéder, pour des périodes allant de huit jours à un mois, les amis spéciaux d'Edgar Andreat. Tous discrets, d'ailleurs, et qui ne gênaient pas les voisins. Mais la concierge avait vite perdu l'envie de poser des questions. D'ailleurs, avant son départ, Andreat l'avait prévenue avec un gros pourboire : son appartement servirait de dépannage à des amis.

— Et les clés ?

— Ils devaient se les repasser de l'un à l'autre, et la concierge envoie régulièrement toutes les factures et autres charges, en Argentine, d'où elles reviennent réglées rubis sur l'ongle.

La voix de Charlie Badolini avait fini par récupérer de sa quinte.

— Il faut planquer, décréta-t-il. Jour et nuit. On va bien finir par le choper, ce petit brun inconnu.

— Patron... Le jour même de la découverte du corps de Nadia au bois de Boulogne, il a rendu les clés à la concierge. Avec un bon pourboire.

— Planquez quand même. Il y aura un successeur, qui le connaîtra peut-être, ce brun ! De mon côté, je m'occupe de faire retrouver cet Andreat par Interpol. On aura quelques questions à lui poser sur ses amis, non ?

— Ça c'est sûr, mais ça va prendre du temps, c'est loin, l'Argentine. En tout cas, j'ai son adresse, évidemment, la voici...

Il se tourna : une jeune femme tapait, exaspérée, à la vitre de la cabine, piaffant d'impatience. Il haussa les épaules.

— Encore quelques détails, patron. Le brun venait toujours avec un homme plus jeune, une sorte de hippie prolongé, dans les 35 ans, l'air nordique. Ils transportaient des tableaux dont la face était toujours cachée. Le hippie avait toujours un appareil photo en bandoulière.

— Et Nadia ? Quelqu'un l'a vue entrer rue Augry.

— Personne.

— Bon Dieu, lâcha Charlie Badolini, on sait

pourtant qu'elle y est allée. La cassette de Madame G. Mais pourquoi ils l'ont tuée, celle-là ?

— Elle devait en savoir plus sur eux que le simple enregistrement de routine sur les cassettes. Mais, j'avoue, tout cela devient de plus en plus étrange. Alors, on va planquer. Si ça ne vous ennuie pas, ce serait utile de se relayer, l'équipe Rabert-Tardet, et Brichot et moi-même, et puis, bien sûr, il faudra passer l'appartement au peigne fin et tâcher de trouver des indices, style empreintes digitales, par exemple.

La porte de la cabine s'arracha littéralement derrière lui.

— Vous êtes pire qu'une gonzesse, vous ! Quel bavard ! explosa la jeune femme.

Il soupira :

— Excusez-moi, patron, je gêne, je raccroche.

En s'en allant vers le métro, Gallia aux lèvres, il essaya de récapituler... Une call-girl de haut vol morte d'un excès d'aphrodisiaque « local ». Du Venitex, avait révélé le médecin légiste, un truc à dilater les muqueuses sexuelles. Puis on l'avait fouettée, sauvagement. Après sa mort. Pas avant. Toujours le rapport du médecin-légiste... Question : pourquoi une prostituée s'enduit-elle de Venitex ? Son boulot, ce n'est pas de prendre du plaisir, mais d'en donner. Donc, cela avait été à la demande du client. Pour mieux s'exciter, lui ? OK s'il s'était agi d'un client hétéro. Or le brun et son nordique étaient des homosexuels. Aucun doute possible là-dessus, tous les témoignages concordaient...

Au moment où il commençait à descendre les

premières marches du métro Passy, Boris Corentin se bloqua.

« Bon Dieu, murmura-t-il pour lui seul, mais c'est évident, comment n'y ai-je pas pensé plus tôt, ne serait-ce qu'à cause des petites fantaisies de Ghislaine, avant-hier soir ? Le Venitex, ça fait saillir toute cette sorte de choses intimes. Donc on les voit mieux, ça les agrandit sous le regard. Or, la concierge et les voisins ont tous dit : tableaux sous le bras, appareils photos en bandoulière.

Il plongeait lentement dans le sous-sol d'où montait l'odeur si particulière du métro, celle des carbones surchauffés par l'intensité du courant électrique des caténaires des motrices des rames.

— Pas de doute, la fille est venue poser, poser rien d'autre, et des poses précises. Des images d'organes sexuels...

Il ralluma une Gallia avant de se fouiller à la recherche de son titre de transport spécial police, son ticket magnétique permanent.

— Il y a un peintre là-dessous. Un type qui avait besoin d'une séance de poses spéciales pour un tableau précis, et qui a fait des photos de la pute. Ils l'ont enduite de Venitex un peu trop. Elle a fait une crise cardiaque. Ils l'ont battue pour maquiller ça en crime sadique avant de la balancer au Bois. Clair comme de l'eau de roche.

Il franchit le portillon et se mit à courir, écrasant sa cigarette d'un coup de talon au passage : la rame arrivait.

Peu après, appuyé à la vitre de la porte, côté

voies, il se laissait bercer par les cahotements mous du métro.

« On fait planquer Rabert et Tardet. L'Identité judiciaire va s'occuper des contrôles. Ni les uns ni les autres ne trouveront rien d'ailleurs. A Mémé et à moi de nous mettre en chasse... »

Le métro fonçait dans un tunnel, s'arrêtait, repartait, balançant sa cargaison humaine, et plus Boris Corentin avançait dans ses pensées, plus il était persuadé d'avoir vu juste. Et l'hypothèse de travail sur laquelle il allait se lancer était celle-ci : un collectionneur d'art érotique *maqué* avec un peintre, homosexuel comme lui, s'était servi de l'appartement d'un ami en voyage pour une séance de poses que ça devait le gêner de faire chez lui, pour une raison ou une autre. Il y avait eu séance de poses. Puis catastrophe, et tout le reste, y compris la fuite loin de l'appartement prêté par Edgar Andreat et l'assassinat de Madame G. qui bien sûr en savait trop. Rien qu'à cause de cette liquidation, il était évident que ni la planque, rue Augry, ni la fouille des lieux ne donneraient rien. les deux criminels avaient dû passer la nuit à effacer toutes leurs traces. Cela dit, il fallait quand même planquer, on ne sait jamais. Un nouvel occupant des lieux pouvait connaître quelque chose sur ceux qui l'avaient précédé. Ne serait-ce que parce que, s'il venait, c'est donc qu'il avait été prévenu que la place était libre. Par qui ? Par les criminels ? Par des contacts ? Peu importait : de toute façon, il y avait possibilité de piste. En attendant l'éventualité de tuyaux venus d'Argentine par le biais d'Interpol.

Corentin releva le nez : le métro s'arrêtait. Il chercha des yeux la plaque de la station, histoire de savoir où il en était dans son trajet.

Il jura :

« Havre-Caumartin… J'ai oublié de changer à Franklin-Roosevelt ».

CHAPITRE VI

La longue main molle et manucurée d'Edgar Andreat laissa retomber sur les tommettes encaustiquées l'amas de journaux et de revues qu'il venait de feuilleter, s'intéressant tout particulièrement à un trois colonnes de page 3 du dernier *Canard enchaîné.*

Il croisa ses interminables jambes revêtues d'un élégant pantalon pied-de-poule gris et blanc, et se resservit une vodka Eristoff à l'orange.

— Bon, fit-il d'une voix profonde, il n'y a pas de quoi fouetter un chat dans tout ça. Même le *Canard* n'a rien eu de sérieux à se mettre sous la dent...

Il serra les mâchoires.

— Quand même, qu'est-ce que tu as eu besoin, René, d'aller voir en personne cette mère maquerelle ? Ça ne se fait pas ! Et en plus, de choisir après mon appartement pour... Tu es vraiment dingue... Tu te rends compte, le pétrin ?...

Le petit brun aux yeux de noisette incandescendante rougit légèrement des pommettes. Dans le monde des homosexuels, il y a les *planteurs* et les *plantés.* Il faisait partie, lui, du deuxième rayon, ceux qui courent droit, tôt ou tard, aux problèmes chirurgicaux pour cause de trop de massacre contre nature à répétition (1). A 45 ans, il commençait déjà à avoir des amorces de problème, parfois, de ce côté-là. Il fallait dire que depuis l'âge de 20 ans, il n'avait pas lésiné sur l'offrande. Au moins une fois par jour et quand il sautait un jour, il tournait comme une folle en cage. Deux jours, et il ne pouvait plus tenir. Il filait dans un de ses bars de nuit préférés, il s'asseyait au comptoir, et il fallait, coûte que coûte, qu'avant la fermeture, il ait levé son *planteur.* Sinon, c'était la crise nerveuse réelle, nécessitant les calmants, qu'un médecin complice accourait alors pour lui administrer.

Comme toujours chez les *plantés,* le côté féminin de la libido exagère jusqu'à la caricature les caractéristiques féminines du comportement, même si l'apparence, ultra contrôlée comme chez les vrais homosexuels profonds — ceux qu'il faut être très fin pour deviner dans leur vie sociale quotidienne.

— J'avais besoin de Venitex, tu comprends ?

Andreat haussa les épaules.

— Ça se trouve partout...

René Leconte agita une main évasive.

— Tu as raison, je suis idiot. J'ai eu une réaction...

Il s'arrêta, de plus en plus rouge. Il avait failli dire : de femme.

(1) Les chirurgiens spécialisés dans ce genre de « réparations » s'appellent des proctologues.

— Une réaction irraisonnée. La mère maquerelle, je la connaissais bien...

— Tiens donc ? siffla Andreat, amusé. Une bonne femme qui vend des filles...

René Leconte se détourna.

— Ecoute... Elle vendait aussi des garçons. Elle m'a souvent dépanné, tu sais. On était quasiment devenus amis. Alors, je lui ai naturellement demandé si elle ne pouvait pas me fournir un peu de ce truc.

Il rit aigrement.

— Elle m'a dit oui, mais à une condition : je lui rendrais le tube après usage de ce dont j'avais besoin.

— Et ça ne l'a pas surprise que tu aies besoin d'une fille ?

Le brun baissa les yeux, qu'il avait agrémentés de jolis cils très longs, un détail « adolescent » assez cocasse dans un visage qui accusait quand même ses 45 ans. L'aérobic n'empêche pas les rides.

— Bon... reprit Andreat en sirotant sa vodka, je commence à mieux comprendre pourquoi tu as eu un besoin si urgent de la liquider. Tu avais dû lui lâcher pas mal sur la raison de ta demande. Entre parenthèses, côté viril, chapeau en ce qui concerne la liquidation.

Il éclata de rire.

— Il n'y a pas comme les gonzesses pour vous liquider quelqu'un vite fait bien fait, sans bavures. Chapeau, vraiment...

René apprécia l'hommage d'un sourire coincé.

— En tout cas, la police a l'air de nager dans le

bleu total. Si on lit les journaux, c'est clair qu'ils ne savent rien.

— Tu es optimiste. Et s'ils ne disaient pas tout aux journaux ?

René battit des cils.

— On serait déjà arrêtés, la moindre piste suffirait. Non, ils ne savent rien, on n'a laissé aucune trace. Madame G... est éliminée, c'est fini.

Edgar Andreat parut admettre d'une vague moue approbatrice.

— Qui savait que tu venais chez moi ? Je veux dire : autour de nous ?

— Personne, ça s'est passé juste par lettres avec toi, entre l'Argentine et Paris, avant ton retour en France.

L' « Argentin » souleva les sourcils.

— En tout cas, je ne donne plus la clé à personne. Les flics peuvent planquer, car ils planquent. Nada. Que dalle.

***

De l'autre côté des trois portes vitrées géantes peintes en vert Véronèse, le soir tombait sur les jarres à géraniums du jardin. L'odeur lourde et entêtante d'un mimosa voisin inondait par la porte de droite l'immense salon à tommettes. La nuit tombait sur la Garde-Freinet. Une douce nuit chaude dans le Midi. A croire qu'on en était déjà au passage du printemps à l'été.

Edgar Andreat se leva, dépliant une haute silhouette dont l'allure, si quelque chose venu de l'enfance ne s'était pas cassé dans son subconscient, aurait pu faire de lui un play-boy couvert de femmes. Il avait besoin de réfléchir. Sous ses airs de dominer la situation, il était bien plus inquiet qu'il ne le laissait paraître. Tout commençait mal. Vraiment très mal. Et il n'était pas question d'en vouloir à René et à Carl. Après tout, ils avaient joué de malchance. La fille devait avoir des problèmes cardiaques antérieurs... En vieux pédé habitué de par sa nature même aux problèmes, aux mauvaises surprises, aux situations d'urgence, il savait que la fatalité est reine.

Mais il fallait qu'elle s'arrête là, et il avait besoin de penser au problème.

Il était ici depuis quinze jours, pour des vacances — enfin, avant le coup prévu qu'ils avaient longuement mûri — avec son petit ami quand la nouvelle lui était parvenue. Pas par téléphone. Par irruption subite de René et de Carl en voiture de location à partir de l'aéroport de Nice, à midi. Arrivée qui ne l'avait pas vraiment surpris : il avait lu les journaux et s'énervait de ne pouvoir joindre personne. Le téléphone est si dangereux... Incroyable le nombre de gens qui livrent leurs secrets les plus précieux dans le combiné quand on sait avec quelle facilité biblique ça se met sur écoute, une ligne...

Il s'avança jusqu'au seuil du salon, humant à pleines narines l'odeur du mimosa. La nuit était tout à fait tombée mais curieusement, la fraîcheur ne venait pas réellement. Ahurissant, cette ruée, l'été, dans cet endroit caniculaire qu'est la Côte. Alors que l'hiver c'est si merveilleux, vert, fleuri, doux. On peut même se baigner, sauf exception de mistral trop prolongé, et les plages sont désertes, avec une eau propre et limpide qui est un jacusi bouillant à côté de l'Atlantique, en Bretagne, un Quatorze Juillet.

— Tu sais ce que je vais faire dès demain, René ? fit-il sans se retourner. Je vais me mettre en rapport avec la police. Ils doivent me chercher, ça va de soi. J'imagine le crépitement des télés-cripteurs d'Interpol direction Buenos-Aires. Plus je tarde à les joindre, plus je parais bizarre. Or, comme de toute évidence, je n'ai rien à voir avec tout ça, ne serait-ce que parce que pendant les deux jours couvrant le délai de votre affaire, j'étais à Genève, au *Hilton,* avec des preuves simples à fournir, ils me ficheront la paix.

Il se passa la main dans ses longs cheveux très clairs, soyeux.

— Bien sûr, ils me demanderont à qui je donne mes clés. La réponse sera simple : à la concierge.

— Ils te demanderont la liste de tes amis, ceux que tu connais assez pour leur ouvrir ta porte, vibra René Leconte dans son dos.

— Bien sûr, et je leur fournirai une longue liste. D'où j'exclurai deux noms, celui de Carl et le tien.

— Mais la concierge nous a vus ! Les voisins aussi.

— T'inquiète. On peut prendre le pari, c'est rarissime les gens physionomistes. Ils se rappellent quoi ? Un brun de taille moyenne et un grand blond nordique d'allure, c'est tout. La mer à explorer...

René Leconte se leva, raclant nerveusement les tommettes de ses bottines surélevées. Quand il n'était pas à son travail — veste stricte, cravate neutre, allure contrôlée — il se laissait aller à son goût violent : les tenues de « chasse au *planteur* » : Jean serré, teee-shirt moulé, hautes boots, cheveux flottants an avant, avec des mèches de rocker. Et plus la raie sage. Rejetant bien le tout en arrière... et révélant la raréfaction capillaire naissante de ses tempes...

— On sait que je te connais, beaucoup de gens le savent !

Edgar Andreat ricana.

— J'ai pensé à ça aussi. Rappelle-toi, peu avant mon départ pour l'Argentine, l'été dernier, je suis allé chez toi, près de Rambouillet. Tu m'as imposé, par surprise, sans m'avoir prévenu, la présence pour ce week-end d'une espèce d'employé banal à pleurer d'une agence de petites annonces parisienne. Tu en étais toqué. Il devait bien te planter. Mais quel imbécile prétentieux, avec des opinions de palefrenier sur tout. Gâchis, le dîner de samedi, gâchis le dimanche entier. La connerie pure en action. Et toi, tu béais, tu bandais, tu avais le cul ouvert d'avance... On a fini par s'engueuler, rappelle-toi. A un moment, je t'ai demandé de faire taire ce singe bavard. Tu ne l'as pas fait, je suis parti plus que froid, et tu ne m'as plus fait signe.

« Vexé comme un pou.

« Tout le monde le sait, tu comprends ! Tout le monde le dira si jamais ton nom est prononcé. Il y avait Jean, rappelle-toi, puis Maxime, puis Johnny, tiens, encore un autre, Pierrot la Savate, tu sais, le maniaque des pantoufles, le collectionneur de charentaises usagées. Le roi du potin, celui-là, la commère frénétique. Tiens, si on m'em... sur toi, je dis aux flics de le joindre, et tu verras le numéro de Pierrot la Savate, je lui fais confiance pour raconter qu'on s'est fichu sur la gueule à cause de ton singe.

Il s'arrêta.

— Au fait, tu le revois ?

Le petit brun aux yeux noisette vacilla légèrement sur ses boots.

— Non... c'est fini...

Il se passa la langue sur les lèvres.

— Carl l'a viré il y a trois mois.

Edgar Andreat rit doucement.

— Carl est une perle sensée. Tu ne sais pas la chance que tu as eue, le jour où tu l'as connu. Tu te rappelles ? Tu étais venu me le présenter, il était emprunté, timide. Il buvait du Coca-Cola avec ses spaghettis...

« Bon, résumons : pour tout le monde, on est brouillés. Toi et moi sommes seuls à savoir que je t'ai rejoint, il y a un mois, pour l'affaire que tu sais. Toi, moi, et Carl, bien sûr. Alors, où est le problème ?

Il revint un peu sur ses pas, observant avec une tendresse subite la chose délicate lovée sur une méridienne tendue de velours bleu roi à franges dorées pendant tout à côté de l'énorme poêle Godin ronflant au fond du salon.

— Evidemment, il y a aussi Victor Hugo... Mais il ne parle pas un mot de français. Juste un peu d'anglais...

Il continua à arpenter l'étrange salon de sa maison de la Garde-Freinet. Une jolie maison achetée sur un coup de tête voilà cinq ans. Une ancienne école de garçons mise en vente par l'Etat. C'était ça qui l'avait amusé d'abord : une école de garçons... Puis la non-conformité totale de la bâtisse au goût du jour sur la Côte, à savoir les maisons basses, à tuiles romaines, avec des faux airs de fermes provençales retapées. C'était une énorme construction carrée plus haute que large, avec au premier, les appartements des instituteurs, plafonds hauts, fenêtres à moustiquaires grillagées. En bas, la salle de classe. Plafond à quatre mètres, quinze mètres sur dix de superficie au sol et, derrière, le réfectoire, presque aussi grand, juste diminué par la cage d'escalier où des pigeons volaient, effrayés, quand il avait visité. Vue de dehors, la façade était celle de ces maisons de la fin du siècle dernier, orgueilleuses avec des frises à la grecque peintes tout autour, juste au-dessous du toit. Le jardin n'était pas grand, mais c'était bien isolé, en bout de village, et la vue plongeait sur des vallonnements de chênes-lièges à faire rêver qu'ils grouillent de pâtres à pipeau. Il avait acheté sans discuter, et la salle de classe était devenue un bric-à-brac typiquement pédé. Avec un mélange de meubles contradictoires, de tapis de toutes origines, dont les couleurs hurlaient les unes avec les autres. Au mur, des énormités contemporaines, grands traits de pinceau rageurs, affiches décollées savamment, hyperréalistes et minimal art, le tout agrémenté de lampes de cuivre géantes ramenées d'Egypte, et mélangées avec des spots de la galerie Mai, rue Bonaparte.

Un décor à donner des boutons à une femme, surtout avec, au milieu de tout ça, le poêle Godin à charbon et son tuyau crevant le plafond.

Edgar Andreat arriva à deux mètres de la méridienne, tout à côté du poêle ronflant et d'une armoire bretonne de trois mètres de haut, achetée mille cinq cents francs à Drouot.

— Regardez-le, fit-il, ému, quelle merveille...

Victor Hugo leva des yeux papillotants au-dessus de la revue qu'il feuilletait négligemment de ses petites mains aux ongles rougis. Une revue de mode féminine, où il s'était absorbé dans la contemplation d'une série de clichés des nouveaux maquillages à la mode en Europe.

Carl et René le contemplèrent, un peu gênés quand même. A leur arrivée, ça leur avait fait un drôle de choc, la découverte de la créature ramenée d'Amérique du Sud par Edgar. Ils n'étaient pas des gens bégueule, mais enfin...

Il fallait voir pour croire.

Dans le genre travelo, c'était le max possible. De loin, si on ne portait pas attention tout de suite à un certain détail, une fille. Très jeune, quinze ou seize ans. Seize c'est d'ailleurs l'âge exact de Victor Hugo de Rivalta, petit garçon des favellas de Rio, acheté — réellement, pour mille cinq cents dollars, à ses parents — par Edgar Andreat quatre mois plus tôt lors d'un saut, pour ça, pour ce genre d'opération précise, de Buenos Aires à Rio de Janeiro. Si le « pompier d'affaire » l'avait choisi entre des dizaines d'autres « lots » du réseau auquel il avait eu accès, c'était que Victor Hugo (prénom venu de génération en génération, dans sa famille, à cause d'un ancêtre adepte, au siècle dernier des théories d'Auguste Comte, et donc admirateur de ce grand bourgeois revenu au peuple de Victor Hugo) avait été préparé depuis l'âge de dix ans par des parents malins. Ceux-ci avaient vite repéré, parmi leur nombreuse progéniture, et sur la photo de l'ancêtre fameux, le Rivalta du siècle dernier dont la décadence de tout ça aurait fait s'arracher ce qui lui restait de cheveux sur la photo jaunie, que Victor Hugo avait poussé fin, délicat, joli. A dix ans, quand ils l'habillaient en fille, l'illusion était déjà parfaite. Restait à lui faire passer le cap nécessaire pour que l'illusion se poursuive à un âge un peu plus avancé.

Dans les favellas, à Rio, il y a des années que rôdent les grosses voitures américaines des marchands d'hormones féminines. Bien outillés, sachant doser les piqûres, sachant aussi combien le marché des travelos brésiliens est en extension démentielle dans le monde entier. Victor Hugo avait été passé aux piqûres, gratuitement. A treize ans, il avait déjà une jolie poitrine pointue, avec des bouts bruns. A quatorze, on sut définitivement que jamais sa barbe ne pousserait. Mais les dosages étaient bien faits : en même temps que ses hanches s'arrondissaient, que ses fesses se gonflaient, merveilleuses de douceur veloutée, le sexe, lui, continuait sa croissance « normale ». Les combinaisons hormonales quand on sait les maîtriser, ont des effets paradoxaux. Plus le corps de Victor Hugo se féminisait, avec à quinze ans une poitrine lourde et tendue à faire se saouler à mort de jalousie une play-mate de *Play-Boy,* plus son sexe masculin était pris de la même exorbitante croissance.

Un jour, le marchand d'hormones le fit se mettre nu sous le portrait de l'ancêtre, et, dominant de la voix les piaillements d'une couvée voisine, dans la baraque en tôle ondulée d'à côté, qui de toute façon lui fournirait de la chair fraîche plus tard, il se tourna vers le père et la mère.

— On peut y aller, dit-il. Il est prêt.

Prêt à quoi ? Victor Hugo l'avait compris depuis longtemps, et ça ne le gênait pas d'être exposé comme ça, tout nu sur la terre battue, avec un corps de fille gracile aux seins pesants et, entre ses cuisses, un sexe énorme, qu'on avait fait circoncire, l'été passé, très proprement.

Edgar Andreat avait débarqué un matin, avec le marchand d'hormones. Victor Hugo avait été réexaminé. Puis l'affaire s'était aussitôt conclue, devant lui, mille cinq cents dollars aux parents. Ce que ceux-ci ne savaient pas, c'était qu'il y avait le double pour le marchand.

Après, Victor Hugo était allé dans un hôtel de luxe. Là, on lui avait appris à ne pas se « couper » au sujet du passeport tout neuf qu'on lui remit. Il s'y appelait Amalia Quivir, et il était de sexe féminin.

Il n'y eut aucun problème à l'aéroport de Rio, ni à celui de Nice. Qui aurait pu se douter que cette ravissante brunette aux yeux immenses en robe sage avait entre les jambes, à chaque pas, le balancement d'un sexe d'âne ?

Et qui « marchait » au quart de tour. A la commande.

Pour l'instant, Victor Hugo-Amalia, avait l'air d'une petite frileuse sur sa méridienne, tout à côté du Godin. Edgar, son *beloved Edgar* (1), comme

(1) Edgar adoré.

il disait avec son adorable accent portugais jour après jour perdu, hélas, tant il progressait vite en anglais, lui avait imposé pour ce soir une nuisette ras des fesses, sans boutonnage, faite d'un nylon rose orangé ultra-transparent. Aux lobes de ses oreilles récemment percés, pendaient des anneaux d'esclave en or mexicain. Les ongles de ses orteils étaient peints du même rouge que ses mains. Une petite chaînette entourait tendrement sa cheville gauche, mais, ce soir, il ne portait pas d'autres bijoux. Petite vacherie calculée d'Edgar, qui commençait à le trouver quand même un peu cher, surtout vu ces temps d'IGF, côté appétit de plus en plus incontrôlé pour les colliers lourds, les bracelets, les bagues. Il avait même fallu le fesser, tout à l'heure, en haut, tant Victor Hugo piaffait à l'idée d'être privé de colifichets.

— *Come on, my dear,* fit doucement Edgar.

Le travesti abandonna sa revue et se leva. René et Carl le fixaient, prunelles dilatées. Affreusement mal à l'aise. D'un côté, il y avait cette merveille, cette queue d'âne décalottée qui se balançait à chaque pas, descendant presque jusqu'au bas des cuisses, et ça, c'était un rêve. Une rareté relevant du musée secret des fantasmes homosexuels. Seulement, le malheur, c'était le reste. Cette Lolita latine en nuisette, déhanchée, toute offerte dans la transparence de son nylon rose orangé, fardée, cheveux noirs flottants, bouche peinte, yeux passés au mascara.

Et surtout, cette horreur suprême, la poitrine ! Balançée, gonflée, veinée d'un fin réseau bleuâtre autour des aréoles brunes où le téton central, maintenu en quasi érection constante par le

« traitement d'entretien » (deux piqûres par semaine) saillait avec des airs de cette chose abominable : un clitoris.

Edgar pencha sa haute silhouette décadente sur l'enfant dont la tête lui arrivait juste au creux de l'épaule. Il enlaça la taille qui se cambra aussitôt, docile, et il se mit à lui parler. On aurait cru qu'un amant passionné faisait la cour à une maîtresse adorée par-dessus tout.

— Viens, mon chéri, lui murmurait-il en anglais, bouche noyée dans les boucles odorantes, viens te promener un peu avec moi dehors. Il ne fait pas vraiment froid, ça me fera plaisir, viens. Après, je te récompenserai.

Le « couple » s'éloigna bientôt sur le dallage en opus incertum, de moins en moins éclairé par les spots extérieurs.

Dans le salon, René alla se servir une forte rasade de whisky.

— Il va passer aux vraies filles, bientôt, il va y passer, je te fiche mon billet ! hoqueta-t-il.

Carl soupira.

— Tu parles...

Il avait la tête tournée de biais, yeux fixés sur l'extérieur.

René se pencha, fouillant la nuit des yeux.

— M..., fit-il, c'est curieux, quand même.

Là-bas, dans le jardin, sous un amandier où parvenait un reste de lueur de spot suffisant pour qu'on voie tout, Edgar s'envoyait Victor Hugo. Celui-ci, à quatre pattes sur un banc de pierre bas, paraissait secoué comme par une tornade par les assauts de l'Européen venu l'acheter, un jour, comme un esclave, dans la favella de Rio. Même de loin, c'était quelque chose d'ahurissant, ce sexe en érection entre ses cuisses, pas loin des seins balancés. Bestial comme jamais.

Et qu'Edgar, tout en s'activant à grands coups de reins en ahanant, manœuvrait d'une main avec une force à briser un haltère.

***

Victor Hugo faisait le service du dîner, muet, les yeux un rien cernés, l'air heureux. Edgar lui avait fait enlever sa nuisette, mais, retenu sur sa tête par des épingles à cheveux, il portait un ravissant petit bonnet brodé de soubrette, blanc, bien empesé.

Edgar lui fit signe de l'index.

— Cigarettes, *please*.

Le travelo s'empressa.

— Finalement, reprit Edgar, c'est à la Brigade Mondaine que je vais téléphoner directement demain matin. De toute évidence, ce sont eux qui sont sur l'affaire.

René Leconte faillit recracher sa gorgée de vin.

— Tu te rends compte ! Avec tous les rapports qu'ils ont sur nous tous !...

Edgar le fixa, l'air las.

— Qu'est-ce que tu veux que j'y fasse ? Ils les ont, ces rapports, ces « blancs », comme ils disent. On est des anormaux, des marginaux, des traqués. Il faut faire avec, non ?

« Crois-moi, j'ai gambergé. Il faut que je me montre, moi, sinon l'affaire est fichue.

Il observa d'un air gourmand les seins de Victor Hugo.

— Et puis, je vais apprendre des choses. D'une manière ou d'une autre, ça peut être utile.

Il attrapa un sein et en arriva vite à jouer avec le bout. Victor Hugo se tordit, un peu haletant.

— Regardez, fit Edgar d'une voix changée.

Au fur et à mesure qu'il accentuait sa caresse, et sa torsion, tour à tour d'un sein à l'autre, le sexe du travelo grimpait, très vite arrivé à sa tension maximum.

— Quelle machine..., murmura Edgar. Je ne peux plus me passer de lui.

Il laissa retomber sa main et tapota les fesses.

— *Coffee*, lâcha-t-il.

Le travelo s'en alla, jambe du milieu ballottée, dressée très loin en avant de lui.

***

Edgar se recula du chevalet.

— Formidable, reconnut-il. Carl, tu es un génie.

Il se pencha vers le tableau.

— Eh bien dis donc, vous avez vraiment forcé sur le Venitex, si j'en juge par ce que je vois.

Il rit :

— Si Courbet avait imaginé ça possible...

Devant lui, « les Origines du Monde », le fameux tableau du maître, ou du moins, le « vrai » tableau, celui où la fille, dans ses écartements de cuisses, avait le sexe ouvert, en attente, dilaté. Avec tous les détails. Ahurissant de réalisme, grâce aux photos de Nadia, paix à son âme.

— Tu te rends compte, pouffa René. Dans

l'avion, j'ai mis ça aux bagages, au fond de ma valise...

Edgar ne l'écoutait déjà plus.

— Joli travail, Carl. Tu as bien joué des siccatifs et des embus, ça a vraiment l'air ancien. Tu es finaud, tu as même réussi à obtenir des craquelures.

Le Danois toussota.

— Non. Pur respect voulu de la règle « gras sur maigre ». Très peu d'huile de lin dans la couche de peinture supérieure. Les craquelures sont venues tout de suite et, tu vois, j'ai même truqué avec les repeints. Exprès, trop rapides, ça a aidé au vieillissement.

Edgar sifflota.

— Et tu as même ajouté du plomb dans ton siccatif... En revanche, tu n'as pas oublié les conseils d'Oudry (1). Je parie que tu as ajouté une pointe d'huile de térébenthine à tes couleurs...

— Comme faisait Courbet, continua Carl.

Edgar retourna le tableau.

— Parfait. Vieille toile, vieux châssis... Qu'est-ce qu'il y avait en dessous ?

— Un vague paysage de Renaubert, une croûte, je l'ai acheté aux puces, cinq cents francs.

— Le vernis est quand même encore un peu trop neuf, non ?

Carl se gratta la tempe.

— T'inquiète, j'ai choisi exprès un vernis dur au copal. Il va s'oxyder très vide. Si tu me permets, on ne va surtout pas laisser le tableau à la lumière.

(1) Fameux théoricien français de l'art de peindre (XVIIIe siècle).

Edgar alluma une Winston.

— Je sais, la lumière réveille les couleurs...

— On est d'accord. Ce qu'il faut, c'est un endroit bien humide, à l'ombre, pour abîmer, et avant, un truc simple : on vide sur le devant et sur le derrière un sac d'aspirateur plein. L'humidité collera le tout. En huit jours, le tableau aura l'air d'avoir cent ans.

— Sauf si on le passe aux rayons, soupira l' « Argentin ».

— Tu parles... De toute façon, c'est pour le souvenir que tu m'as commandé ça, pour le souvenir du vrai.

Edgar Andreat vira lentement vers le faussaire.

— Pour le souvenir du vrai, fit-il, mâchoires contractées. Pour garder quand même quelque chose après l'IGF...

Il alla se resservir un verre.

— Ils m'auront peu à peu, comme ça...

Il se tourna vers René.

— Toi, l'affairiste, je vais en tirer combien à ton avis, de mon Courbet ?

René Leconte eut une moue évasive.

— Dans une belle vente bien organisée, avec de la pub et catalogue de luxe envoyé dans le monde entier, ça ira chercher loin. Dix millions de francs peut-être. De quoi te régler bien des problèmes. C'est quand même celle de Courbet. La vraie, si l'on peut dire, une toile qu'il a peinte après la première, avec toute la réalité...

Edgar parut hésiter, puis il alla pousser une petite commode, et dégagea un panneau, la porte du coffre-fort apparut. Il manœuvra la combinaison avec les sourcils froncés.

***

Les deux tableaux reposaient maintenant côte à côte sur la méridienne où tout à l'heure se lovait Victor Hugo, à l'heure qu'il était occupé à faire la vaisselle à la cuisine.

Même format, même vieux cadre doré fatigué, même sujet : une fille dont on ne voyait pas le visage. Ouverte sur un lit, toison offerte entre ses cuisses écartées. Mais toison ouverte...

— Courbet n'avait pas de Venitex, rit René, que le spectacle gênait quand même.

— Ça non, approuva Edgar.

Le vrai Courbet et le faux se ressemblaient à s'y méprendre, à une différence près : sur le faux, le sexe était une monstruosité de dilatation.

— Bon, je range le vrai et on met le faux à la cave après le coup de l'aspirateur, conclut Edgar. Faites ce que vous voulez, mais moi je vais me coucher. Donc, voici le programme : demain matin, j'appelle la Brigade Mondaine. Tout se passera très bien, vous verrez. Vous, personne ne vous a vus ici, votre voiture de location est à un faux nom et vos billets d'Air Inter portent le nom que vous avez bien voulu inventer. Demain, vous remontez à Paris. Dans huit jours, je remonte moi aussi. Avec les tableaux. Je ferai ça en voiture.

« Puis on met en route le grand jeu.

Il se tourna. Une petite main brune au poignet délicat tapait à la porte du salon.

Victor Hugo, souriant, nu, dans toute sa splendeur androgyne.

— *Go to bed, Edgar, please,* fit-il d'un ton de Lolita autoritaire.

CHAPITRE VII

Le petit bruit sec et agaçant de la pince coupante jouait des nerfs de tous dans le bureau des Affaires recommandées de la Brigade Mondaine, 36 quai des Orfèvres, à Paris. Celui qui l'activait, penché sur ses ongles, calvitie lisse, moustache blond jaunasse et lunettes Amor tombant peu à peu sur le nez, paraissait ne s'apercevoir de rien, tout à son occupation de onze heures du matin. Autour de lui, Rabert, Tardet et Boris. Muets, au bord du ras le bol.

Boris cracha le morceau le premier.

— Mémé, fit-il doucement.

Pas de réponse.

Les claquements de la pince continuaient. Brichot sortait même maintenant un peu la langue sous sa moustache : le plus délicat à ne pas rater, ce sont les bords de l'ongle, si on ne coupe pas assez franc, ça fait des ongles au carré. A la repousse, si on coupe trop, ça fait féminin. Tout un juste milieu à trouver.

— Mémé, insista Corentin.

Son coéquipier finit par lever le nez.

— Plaît-il ?

Boris le fixa. Comment ne pas l'aimer avec sa

bonne bouille de père de famille chauve et myope, sa moustache IIIe République, son teint un peu anémié de cholestérolique léger, et surtout, ses inénarrables costumes à l'anglaise, vert pré aujourd'hui, sur des chaussures rouges et avec une cravate jaune dans le col de la chemise beige militaire ?

— Mémé, murmura Boris, je t'en prie, va aux toilettes pour te couper les ongles. Ça agace les gencives des autres, ton bruit, tu piges ?

Il souriait pour corriger la remontrance, Brichot rougit, dans l'ordre habituel de son émotion juste, le front d'abord, puis les pommettes et enfin les oreilles.

— Ça va, fit-il en se levant, chassant derrière lui sa chaise d'un coup de jarret nerveux. Personne ne m'aime ici.

Il sortit, claquant la porte derrière lui.

— Le filleul du patron doit en être à sa première dent, émit philosophiquement Rabert. Les papa-maman Brichot n'ont pas dû fermer l'œil de la nuit.

Le téléphone de Boris Corentin y alla d'une danse de Saint-Guy chevrotante juste après le départ de Brichot.

Corentin décrocha.

— Allô ? Ici l'inspecteur divisionnaire Corentin.

Il y eut un éclat de rire cristallin à l'autre bout du fil.

— Dis-donc, mon chou, tu as l'air bien remonté ce matin ! Tu as du dormir tes huit heures, pour une fois.

Il rit.

— Ah, c'est toi, Ginette.

Ginette, du standard police, une vieille liaison, avec des rabibochages intermittents deux ou trois fois l'an, dans l'hôtel *Latania,* 22 rue de la Parcheminerie, tout près de la place Saint-Michel.

— Ça va toi ? reprit-il. Et le mari ?...

— Bof, il s'améliore, comme les vins. On va vieillir ensemble. Bon, ce n'est pas tout, j'ai un appel du Midi, un monsieur qui demande qui s'occupe de l'affaire de Nadia, tu sais, la prostituée du Bois. C'est toi, non, qui t'occupes de ça ?

— Dis donc, les nouvelles vont vite...

Le rire cristallin repartit.

— Tout ce qui te touche m'intéresse, mon chou. Au fait, on ne s'est pas vus depuis longtemps... Mais je blague, il attend sur la ligne, je te le passe ?

***

Boris Corentin agita la main à toute vitesse en direction de Tardet, puis il couvrit de sa paume la base de son combiné.

— Branche la cassette d'enregistrement, vite !

Il se repencha, vérifiant du coin de l'œil que Tardet se grouillait bien d'ouvrir le tiroir spécial et de manœuvrer le bouton.

— Allô, oui ? reprit-il, d'un ton de flic banal, je vous écoute... Qui êtes-vous ? Je n'ai pas bien compris.

Le nom qu'il avait très bien compris trente secondes plus tôt fut répété.

Et enregistré sur la cassette.

— Je m'appelle Edgar Andreat, je vous appelle de la Garde-Freinet. J'ai lu les journaux, et j'ai appris avec une stupeur que vous imaginez sans peine ce qui est arrivé l'autre nuit à une prostituée après avoir passé la soirée dans mon appartement, 12, rue Augry, à Paris, dans le seizième.

Corentin se passa la langue sur les lèvres.

— Exact, les journaux ont parlé de votre appartement, mais permettez-moi une question, monsieur Andreat. Tout le monde vous croyait en Argentine.

Il y eut un rire rapide.

— Bien sûr... J'y suis établi, mais je suis revenu il y a quinze jours. Je passe toujours mon petit mois de février chez moi, à la Garde-Freinet. Alors, vous comprenez, dès que j'ai lu les journaux, je me suis dit que la police aurait sûrement besoin de moi. D'où mon appel.

Des dizaines de questions se pressaient aux lèvres de Corentin.

— Je vous remercie, monsieur, vous avez eu raison. Effectivement, on cherche à vous joindre, mais, vous voyez, le mieux serait qu'on se rencontre, vous ne croyez pas ?

La voix était toujours très calme, paisible.

— C'est justement pour ça que j'appelle, Inspecteur... Permettez-moi de vous demander votre nom ?

— Boris Corentin.

— Parfait, Inspecteur Corentin, comment procédons-nous ? Pour ma part, je compte remonter demain à Paris. Mais peut-être êtes-vous plus pressé ?

Corentin se pencha.

— Ça me paraît aller. A quelle heure arrivez-vous ?

Il y eut une légère hésitation.

— Je ne sais pas, un peu avant le dîner.

Rire léger.

— C'est peut-être culotté de ma part, Inspecteur, mais pourquoi ne dînerions-nous pas ensemble demain ? Après tout, ce serait le plus simple. Si vous êtes d'accord, retrouvons-nous chez moi, rue Augry. Je suppose que vous connaissez les lieux ?

Corentin se recula un peu. Ça, l'autre était culotté. Tu parles si je connais les lieux...

— OK, à huit heures ?

— A huit heures. Vous m'excuserez, mais il nous faudra aller au restaurant. Si rien n'a trop changé depuis mon départ pour l'Argentine, j'en connais un petit, rue de la Pompe, qui n'est pas mal.

Il y eut un silence.

— Inspecteur, reprit la voix, vous ne pouvez pas savoir combien je suis bouleversé par toute cette histoire.

***

La porte du bureau des Affaires recommandées s'ouvrit, poussée par un poignet toujours rageur. Aimé Brichot apparut, ongles nets et courts. Il alla jusqu'à son tiroir, l'ouvrit sec et y jeta sa pince. Boris Corentin observa le manège rageur en souriant.

— Mémé, on parle un peu d'autre chose, si tu permets. Edgar Andreat vient de m'appeler. Il est en France. A la Garde-Freinet. Il remonte demain à Paris. J'ai rendez-vous chez lui, à huit heures. Tu seras du dîner, œuf corse ?

Il vira vers Rabert et Tardet.

— Téléphonez à vos acolytes de laisser tomber la planque, ça ne sert plus à rien.

Il se leva.

— Viens, Mémé. Direction, le bureau du patron.

CHAPITRE VIII

Les deux flics de la Mondaine et le pompier d'affaires touillaient de conserve, face à face, la mélasse faite dans de la vieille huile ultra cancérigène censée représenter le plat commandé dont ils avaient oublié jusqu'au nom d'origine, tant était grande leur déception.

D'autres soirs, ils auraient renvoyé l'assiette. Fait un scandale. Mais là, ils acceptaient, victimes consentantes. La vérité était que chacun d'eux n'avait plus qu'une envie : filer. Alors, ça accélérerait les choses, de ne pas toucher à ce poison infâme...

— Désolé, franchement, fit quand même Edgar Andreat. Il y a eu un changement de propriétaire, j'aurais dû faire gaffe.

Boris Corentin agita une main compatissante.

— Tout le monde peut se tromper.

Il sourit à Aimé Brichot.

— Qu'en penses-tu ? On commande un yaourt, histoire de se mettre quand même quelque chose dans le ventre ?

Aimé Brichot le fixa.

— Va pour le yaourt...

Il n'en démordait pas, lui, et ça crevait les yeux au spectacle de sa moustache vibrante et de ses lèvres pincées : Andreat, il en était sûr, avait fait exprès de les inviter dans ce boui-boui infect, juste pour se moquer d'eux.

— Minute ! lança-t-il, subitement ragaillardi, je pense à une chose, monsieur Andreat.

L'interminable cou de bourgeois dépravé international se balança en avant.

— Je vous écoute, Inspecteur.

Corentin fixait Brichot de biais, légèrement inquiet. Qu'est-ce que son coéquipier pouvait avoir inventé, dans sa rage d'avoir loupé son dîner ? Car, en fait, tout l'intérêt de la conversation paraissait réglé depuis longtemps. Depuis bien avant le dîner, et au bout d'une petite demi-heure dans l'appartement de la rue Augry : Edgar Andreat ne savait rien. Il s'excusait, il était victime de trop de relations qui ont des relations qui, etc. Aucune idée à propos de ce petit brun et de ce grand blond vus par les témoins... D'une certaine façon, il avait failli leur glisser le doute dans l'esprit : jamais Nadia n'était venue là, et d'ailleurs, qu'aurait-elle fait chez des homosexuels ?

Sauf si... mais ça c'était une autre histoire dont Corentin jugeait inutile de parler pour l'instant, surtout à Edgar Andreat. Une autre histoire que ses pensées avaient fini par résumer en une question : si la thèse « peinture érotique » était la bonne, si Nadia avait bien posé, organes exaltés au Venitex, n'était-ce pas qu'un peintre homosexuel avait justement besoin d'un modèle très « réaliste » ? Et ça, parce que, en tant qu'homosexuel, il aurait été bien en peine de reproduire, de mémoire, les organes d'une femme. Sans doute, il y a des revues porno. Mais jamais on n'y voit le sexe d'une fille dans l'état où se trouvait encore celui de Nadia, par-delà la mort, quand on l'avait découverte...

— Monsieur Andreat, reprit Aimé Brichot, vous êtes un homme trop fin pour ne pas avoir imaginé que la ligne téléphonique de votre appartement est sur table d'écoute, tout à fait légalement, rassurez-vous... Or, vous avez passé un seul coup de téléphone depuis votre arrivée chez vous, venant du Midi, à 18 heures. Un appel, tout de suite, à votre agence de voyage pour décommander un billet de retour vers Buenos-Aires dans huit jours, billet pris depuis longtemps, pour le remplacer par la commande d'un vol sur Genève, demain matin.

« Est-ce que cela signifie que vous n'avez pas l'intention de retourner en Argentine ?

Les grands yeux clairs de l' « Argentin » ne trahirent aucune surprise ni gêne.

— Absolument pas.

— Par conséquent, si je comprends bien, vous comptez repartir pour Buenos-Aires depuis la Suisse, et pas depuis Paris, comme initialement prévu...

Aimé Brichot se pencha, et Corentin le regardait, bouche bée. Ça, l'histoire des changements de billets, il ne connaissait pas. Aimé était arrivé après lui chez Andreat. Ils n'avaient pas pu se parler seul à seul.

— Auriez-vous l'intention de ne plus remettre

les pieds en France ? Et, si c'est le cas, pourquoi ?

Andreat claqua des doigts. Le garçon se précipita, sentant venir la demande de la note, et rapide pour la première fois.

— L'addition, jeta Andreat, vite. Et estimez-vous heureux qu'on paye vos saloperies. C'est vraiment parce qu'on a autre chose à faire qu'à perdre du temps ici.

Il se retourna vers Brichot.

— Monsieur l'Inspecteur, fit-il, paisiblement, laissez-moi m'étonner de vos questions. C'est un interrogatoire ou quoi ? Il y a un mandat contre moi ? Je suis un suspect sur votre liste ? Rappelez-vous que c'est moi qui vous ai appelé, pour vous aider, pas pour me faire traiter de cette façon. La liberté de circulation existe encore en France ou pas ? Sinon que ça se sache, officiellement. Je n'ai aucun compte à vous rendre, et n'insistez pas. Je suis au courant des lois, ça peut vous faire mal.

Aimé Brichot, d'habitude si soupe au lait, se contenta de sourire sous l'assaut.

— Merci pour la réponse, sourit-il. C'en était une, de toute façon, je sais ce que je voulais savoir.

— Et quoi donc ? jeta Andreat qui commençait à s'énerver.

Aimé Brichot se gratta la moustache.

— Ah, non, après ce que vous m'avez répliqué ! J'ai le droit, moi aussi, de garder mes secrets.

Ils se quittèrent très sèchement. Et avant de s'en aller d'un pas vif vers chez lui, l' « Argentin » avait tout de même consenti, de mauvaise grâce, à donner son adresse à Genève. L'hôtel *Président.*

***

Cinq minutes plus tard, au coin de l'avenue Mozart et de la rue du Ranelagh, il prit un taxi en maraude.

— Hôtel *George V*, fit-il.

La Visa grise qui l'avait suivi de loin fit demi-tour avant même que le taxi soit arrivé à sa hauteur, puis se laissa dépasser.

Et fila le train.

***

Dans un bar de la rue de la Pompe tout proche du boui-boui, Boris et Aimé attaquaient à belles dents des sandwiches réparateurs. Riches de mie de pain fraîche, tranches de saucisson débordantes de beurre.

— OK, fit Boris, en reprenant souffle à la moitié de son sandwich, je ne savais pas, pour l'appel à l'agence, mais, si tu me permets, moi, je n'aurais rien dit.

« Il va se méfier, maintenant, on va avoir du mal à le filer. »

Aimé releva ses lunettes Amor de myope moyen sur son nez.

— Boris, tu m'attristes. Ce que tu dis est pire qu'un geste inamical. Il s'agit d'une mise en doute caractérisée de mes facultés intellectuelles, et ça, ça fait mal, ça fait très mal, Boris...

Corentin s'écarquilla.

— Mais enfin ! Quand tu lui as dit : « Je sais ce que je voulais savoir », il a compris, tout de même, ou je suis carrément fou, que tu le prenais pour un bonhomme qui se sent coupable de quelque chose dans l'affaire Nadia et qui met brusquement les voiles de France après avoir joué ce coup finaud, pour nous endormir, de nous appeler lui-même, de nous rencontrer de sa propre initiative.

Aimé Brichot passa délicatement le gras (le maigre, plutôt) de la dernière phalange de son petit doigt, celui qu'on appelle le « riquiqui » dans sa province de naissance, le Berry, le long de sa moustache, par en dessous. Histoire de la débarrasser d'un surplus de beurre.

Puis il suça consciencieusement son riquiqui. Boris lui trouvait l'air prodigieusement agaçant, et commençait à se douter d'un coup de Jarnac...

— Le problème avec toi, Boris, ce n'est pas tellement que tu joues les délicats quand les gens se coupent les ongles (et toc, au passage, la mule du pape), ce n'est pas non plus que tu sois fou, loin de là. Seulement, vieux, tu faiblis, et ça, c'est pénible. Tu devrais dormir un peu plus, tu sais, au lieu d'artiller les gonzesses à tour de bras. Ce n'est plus de ton âge, il faut te recharger les méninges.

Corentin soupira.

— Ça va, accouche, génie.

— Eh bien, c'est simple. Quand j'ai dit à Andreat : « Je sais ce que je voulais savoir », il n'a pas du tout reçu le message comme tu crois. A savoir : « Ça y est, ils me filent. Ils se méfient. » Pour lui, ça a voulu dire autre chose : « Au poil, je les ai menés en bateau. »

Corentin se passa la main dans les cheveux.

— Ou tu te fiches de moi, Mémé, ou tu as bouffé du lion. Pas d'autre alternative.

Brichot se cabra.

— J'ai bouffé du lion, Boris, et ça t'épate. Pour une fois que c'est moi... Bon, c'est pourtant simple ! Tu t'imagines qu'Edgar Andreat, fils de famille ruinée, boursier au lycée (tu as vu sa fiche comme moi, non ?), aurait constitué sa fortune tout seul, à la force du poignet, s'il n'avait pas un ordinateur de la 70e génération, celle de l'an 3000, dans la tête à la place du cerveau ! Qu'est-ce que s'est dit cet ordinateur cervical, quand il a débarqué chez lui après — rappelle-toi ça aussi — nous avoir lui-même téléphoné de la Garde-Freinet ? Ceci : « Je suis sur table d'écoute comme un et un font deux. Alors, servons-nous-en. » Et il a appelé son agence...

« Et si, moi, ma pomme méprisée de Mémé Brichot, tout juste bon apparemment à faire des enfants à Jeannette son épouse, je lui ai parlé de cette conversation enregistrée, c'était exprès.

Il rit, longtemps.

— Au fond, je ne lui ai pas menti, et j'ai bien su ce que je voulais savoir, qui n'est pas ce qu'il croit, parce que je l'ai blousé. Avec ma tête de rat à lunettes et moustache, il n'a pas imaginé une seconde que j'étais capable de raisonner à son niveau.

Boris se cabra. Presque vexé.

— Ce que tu voulais savoir, et que tu as su, tu ne le lui as pas dit. Tu me le diras peut-être à moi.

— Mais oui, mon grand : ton Edgar Andreat, il ne prendra pas l'avion de Genève, demain matin, il prendra la route de Nice. Avec une nouvelle voiture de location.

« Evident, mon cher Watson, Evident.

Boris Corentin accusait le coup, visiblement.

— Chapeau, Mémé, fit-il, bon perdant. Ça fait plaisir de travailler avec toi. Mais puisque je nage complètement dans le cirage, éclaire moi jusqu'au bout avec ton hypothèse, très juste, je le reconnais, très juste : qu'est-ce qu'il va faire à Nice, le bonhomme ?

— Pas à Nice, corrigea Brichot, à la Garde-Freinet. Il va relouer une voiture à l'aéroport, sans doute sous un faux nom. Mais c'est facile, là encore.

« Il va faire le plein pour son congélateur pour un certain temps. Il ne mettra pas le nez dehors. Je parie que sa maison est isolée, et puis c'est l'hiver. Les gens remarquent moins. Il compte là-dessus, et il attendra.

— Quoi ?

— Le message.

Corentin alluma une Gallia.

— Là, tu commences à délirer, Mémé. Jusqu'ici, ça tenait, mais désormais... Quel message ?

Les yeux clairs d'Aimé Brichot, dédoublés par ses verres épais, comme tous les yeux de myope, se posèrent sur sa « flèche » avec une bonté légèrement apitoyée.

— Mais celui de ses complices ! De ses exécutants, du moins, car c'est lui le patron.

— Mais... le patron de quoi ? Et quels complices ?

Brichot termina goulument sa Kronenbourg et s'essuya la moustache d'un revers de main.

— Faudrait savoir, Boris, où tu veux aller ! Moi, je bâtis tout mon truc sur une idée à toi. Tu te rappelles, non ? L'hypothèse tableau porno, on en a assez parlé. Andreat est cultivé. Il a une collection d'art, la Brigade financière nous a communiqué le rappel qu'elle lui a envoyé pour cause d'IGF. Une somme astronomique. Il a besoin d'argent, d'urgence. Il a besoin de vendre. Quoi ? Un tableau. C'est toi qui me l'a dit, non ? Alors, moi, en coéquipier respectueux des gambergements de sa flèche, je gamberge derrière.

Il secoua l'index, presque frénétique.

— Tu reconnaîtras quand même que mes gambergements à moi tiennent debout !

Corentin souffla.

— A condition que ma propre hypothèse de départ soit la bonne. Mais si c'est la bonne, j'avoue que ça se tient assez, ce que tu dis.

Il se redressa.

— Bravo, Mémé, tu m'épates. T'as raison. Il faut que je dorme un peu plus.

Aimé Brichot toussota.

— Ghislaine vient chez toi ce soir ? fit-il, vicieux.

Pas de réponse.

— Bon, conclut Brichot, tâche d'éteindre assez tôt...

Boris sortit un billet de cent francs et fit signe au serveur.

— Ce message dont tu parles, qu'est-ce que ça peut bien être ?...

— La vente d'un tableau de prix.

— Mais lequel ? Parce que c'est mon tour de te dire quelque chose dont j'ai oublié de te parler ; la collection de maître d'Edgar Andreat, elle est à la Tour... (merci Jean-Paul, tu vois ce que je veux dire). Avec la liste officiellement déposée, pour cause d'assurances, Tardet a vérifié chez UAP. Et Andreat n'y est pas allé. On contrôle pour savoir s'il y va. Il n'ira pas. Donc il y a, du moins si tout notre truc se tient, un autre tableau. Au moins un autre. Hors assurances et contrôles officiels. Lequel ?

— Un truc érotique sûrement assez salé, Boris, et de grande valeur. Rappelle-toi de quoi est morte Nadia. D'excès de Venitex, et au passage, rappelle-toi aussi que jamais on n'a donné aux journaux la véritable raison de sa mort. Cravachage exagéré, c'est tout.

Corentin rêva :

— Raison de plus pour croire à ton avancée ultra rapide dans l'hypothèse. Au fond, elle ne tient que si Andreat sait lui aussi que c'est le Venitex qui a tué Nadia. Pas les coups reçus après sa mort.

— Alors, alors..., murmura Aimé Brichot. Sa moustache se tordit.

— M... ! Ce que j'ai su, en croyant qu'il croyait, que je savais autre chose...

Corentin esquissa une moue désolée.

— Eh oui, Mémé, ce que tu as su en croyant que, etc. ça ne l'a pas blousé, l'ordinateur de la 70e génération.

Aimé Brichot paraissait atteindre le fond du désespoir et le garçon de bar le regardait, un peu inquiet, en rendant la monnaie.

— Mais c'est bien sûr ! avoua Brichot. Si l'hypothèse reste vraie, attention, si elle reste vraie ! Sachant que Nadia est morte de Venitex et lisant dans la presse qu'elle est morte de coups, il s'est dit que nous, les flics, on avait caché la vérité aux journalistes. Parce que nous, on connaît le rapport du médecin légiste. Alors...

— Alors, reprit Corentin, il a été quelqu'un qui sait se dominer. Il ne t'a même pas fait le plaisir d'un sourire, aussi léger soit-il, quand tu lui as jeté que tu savais des trucs dont il n'avait rien à faire.

Brichot verdit.

— Il doit me prendre pour une pomme.

— Mais non, il est quand même inquiet. Il se dit qu'au fond, on a tout de même mis le doigt sur la réalité, et ça va le travailler.

Il rêva.

— Faut pas espérer une gaffe de sa part. Il est trop fort... Mémé, on a un sacré boulot devant nous.

Brichot gratta le sol du pied.

— On a quand même des armes contre lui. Tu oublies qu'on le file en ce moment...

— Vouai..., j'ai bien peur que, là aussi, il nous joue un tour de salaud.

Il se pencha.

— Mémé, chapeau quand même pour tout à l'heure, tu as fait une gourance, c'est d'accord, mais d'une certaine façon, c'est bénéfique. Il n'y a jamais de cas où un gibier ne commet pas une bêtise, aussi malin soit-il. Contrairement à ce que j'ai dit tout à l'heure.

Brichot rectifia le nœud de sa cravate en lorgnant vers la rue. Il recommençait à pleuvoir, sa calvitie allait en prendre un coup.

— Reste à savoir si notre hypothèse est bonne. Moi, j'avoue qu'après tout ça, je commence à douter.

Boris ouvrit la porte. Déluge. Il sortit une casquette de son imperméable.

— Tiens, mets ça sur la tête jusqu'au métro. Ça t'évitera un rhume... Quant à l'hypothèse, je vais te dire mon sentiment : j'ai peut-être été un peu ramolli, tout à l'heure, même si toi, tu t'es jeté un peu trop vite à l'assaut comme en 14, mais j'y crois de plus en plus à cette histoire d'IGF en catastrophe. De tableau secret, et de complices... Un petit brun, un grand blond...

CHAPITRE IX

Le téléphone réveilla Boris Corentin à minuit quarante. Une heure où il était rarement dans les bras de Morphée, mais dans d'autres, bien plus hétéros.

— C'était bien la peine d'avoir des intentions raisonnables..., soupira-t-il en décrochant.

A son retour, Ghislaine lui avait fait la scène du Un parce qu'il prétextait une migraine pour se plonger illico dans son oreiller. Formidablement secoué par la réflexion de Mémé sur sa fatigue intellecto vu son « âge ». Une gifle morale, qui avait été comme celle qui fait s'endormir aussitôt un enfant grincheux qui pleurniche à vous mettre les nerfs en pelote.

— Qui est-ce ? fit-il, las.

Il reconnut avant même d'avoir la réponse le cliquetis doux qui accompagnait tous les appels venus du quai des Orfèvres. Les éternels problèmes de connexion de fils, datant de l'occupation allemande et que personne n'était jamais parvenu à résoudre.

— C'est Tardet, fit Tardet. Excusez-moi de vous réveiller. (Réveiller... réveiller... Il était bien le seul à ne pas savoir que c'était la première fois depuis des siècles qu'on le réveillait à minuit quarante...) mais j'ai jugé que c'était important. On a les photos, je viens de les faire développer.

Boris se releva sur les coudes, avec un coup d'œil en coin vers Ghislaine, dont la contraction des paupières et la respiration lente, à côté de lui étaient trop « vraies » pour être vraies.

— Une seule question : sont-elles vraiment compromettantes ?

— Ah ça, oui ! Si vous voyiez l'autre ! Impossible à croire. Ahurissant. J'ai pourtant fait le Bois, vous le savez... Pas seulement impubliable. Immontrable à un directeur de revue chaude sous peine de le faire crever d'infarctus immédiat.

Corentin sourit.

— Et toi, ça va, le cœur ?

Tardet faillit s'étrangler.

— Inspecteur, je vais me marier.

— Ah ! première nouvelle, et contre qui ?... Josette, la nouvelle du standard ? Chapeau, elle te rendra heureux.

Il revérifia que Ghislaine « dormait » toujours aussi bien.

— Ça a été facile ?

— Pas vraiment, c'est un mariole, le gus. Il a changé trois fois de taxi et chaque fois à des stations juste disposées pour permettre un redémarrage contrariant en sens inverse.

— Mais alors, il n'a pas pu faire autrement que de voir la Visa lui coller au c..., comme une sangsue.

Tardet rit.

— Je n'étais plus en Visa depuis longtemps. A

la troisième station de taxi, on était si près que je suis sorti en douce dans un roulé-boulé, et j'ai pris le taxi suivant...

Mémé ordinateur de luxe tout à l'heure, Tardet jouant les paras... Corentin commençait à se sentir passer dans le clan des vieilles branches à qui on ne portera même plus bientôt son kil de rouge quotidien.

— Dis donc, Josette va épouser une vedette... Bon, ça t'a mené où, tout ça ?

— Au Bois, tout banalement, route de Saint-Denis, un peu au-dessus du lac inférieur. Andreat s'est fait descendre au carrefour avec la route des Poteaux, vous savez, celle qui mène à la Porte Dauphine, et où il y a encore un max de travelos brésiliens le soir, malgré les rafles récentes.

Et puis, c'est tout, j'avais mon appareil spécial, quoi... Mon Nikon F2DP muni d'un startron pour vision nocturne avant amplificateur de brillance.

Boris se pencha de côté, comme on fait quand on est au bord d'écarter le combiné de son oreille pour raccrocher.

— Tu mérites une médaille. Bois un verre à ma santé. On se voit demain matin.

Il raccrocha et, au moment où il allait presser le bouton rouge de son spot de chevet, réglé bas, à cause de Ghislaine, il vit, dans son regard de biais vers la forme ultra-hormonée lovée sous les draps à toucher sa hanche, regard juste de contrôle, deux yeux verts aux sourcils immenses parfaitement écartés.

Les yeux verts le fixaient.

— Une supposition, minauda Ghislaine, serpentant peu à peu hors de ses draps, qu'on profite du coup de fil impromptu pour se fatiguer un peu, juste de quoi se redonner envie de dormir ?

Il contempla, « désespéré », la lourde poitrine qui sortait des draps, palpitante, puis le ventre ondulant, et le reste, surtout le reste, qui s'écartait comme une vision délicieuse à damner Saint Antoine (pas celui de Padoue, l'autre, le vrai, l'Ancien).

— J'ai promis à Mémé de bien dormir, geignit-il.

Ghislaine l'attrapa par la nuque d'autorité et le força à se coller à elle.

— Il commence à m'énerver sérieusement, celui-là. Des fois qu'il s'imagine qu'il va devenir ta maman !

CHAPITRE X

La plupart des études de commissaires-priseurs sont installées autour de l'Hôtel Drouot, non loin du « Golf » du même nom, vraiment non loin, dont la célébrité vieille de plus de vingt ans déjà est due à de toutes autres raisons.

Celle dont il s'agit ici se trouvait évidemment dans un rayon de moins de cent cinquante mètres autour de l'Hôtel des Ventes. Elle était très ancienne et ça se sentait au décor, escalier minable, bureaux poussiéreux, moquette usée et s'arrêtant d'ailleurs très vite pour laisser place à un vieux parquet même pas ciré.

Des secrétaires de tout âge, vieilles d'origine et jeunettes matant en douce le Larousse pour corriger leurs fautes d'orthographe (style : Toulouse-Lautrec — ça s'écrit Lautrec, Lo, ou Lau ?), des clercs dépouillant des catalogues anciens pour y retrouver la trace des œuvres « importantes » qu'un bourgeois décavé venait présenter avec de grands airs, des tas de choses indistinctement empilées un peu partout. Scènes de chasse en Camargue sous la IIIe République, compressions de machines à laver par un plagiaire da César, lithographies contemporaines dont les trois-quarts étaient truquées, portraits de duchesses Louis XV, cartels et pendules dont il s'agissait quand même de vérifier s'ils n'avaient pas été volés avant de les mettre en vente, amas de services d'argent, de timbales gravées, de pistolets de duels, d'assignats, de boîtes sous plastique conservant comme des momies des papillons rares dont le malheur avait été de croiser la route, dans le Valais, ou dans les collines dominant les plantations de thé du Ceylan, d'un « épingleur » dingue d'entomologie à la recherche de la prise de sa vie.

Ça sentait tout ce qu'on peut sentir en concentré de ces rejets de civilisation que sont les objets, tableaux et autres sculptures que les générations se transmettent au fil des héritages, des catastrophes financières ou des dettes de jeu, en croyant chaque fois avoir œuvré pour le grand musée idéal des acquits de l'humanité.

⁂

René Leconte s'avança un peu plus, son parallépipède de taille moyenne, 65 sur 54 en gros, sous le bras, dissimulé par du papier kraft vaguement ficelé de nylon effrangé.

— Excusez-moi, fit-il, j'ai rendez-vous avec Maître...

Le nom disparut entre ses lèvres réticentes, mais l'ensemble des consonances suffit au jeune clerc : le nom du principal de ses patrons. Accolé à deux autres sur les catalogues de vente. C'est fou ce que les études de commissaires-priseurs peuvent se ressembler, à l'énoncé, aux titres des livres d'histoire. Du genre, Labouche-Barrard-Narbaud. Aussi balzacien dans l'antique que l'atmosphère des études.

— Votre nom ? fit le jeune clerc, qui avait pour principal ornement au-dessus de son veston bleu pétrole et sa cravate jaune, d'assez jolis cils roux paraissant sortir d'un bain décolorant.

— Emmanuel Laffite, mentit René Leconte, j'ai téléphoné hier.

Il chercha à repérer quelque chose d'important chez le jeune clerc : l'aspect du tissu, côté braguette. En vain, la lourde table Henri V où le clerc était installé cachait de son poids de noyer crasseux, ce qui était l'essentiel aux yeux de cette vieille folle perdue de René Leconte.

Le clerc se tourna.

— Maître X. est rentré, non ?

— Il est là, fit la jeunette de gauche en remettant en place son Larousse. Heureuse : ça s'écrivait Lautrec. Pas Lotrec, ce qu'elle cherchait. Il est rentré il y a cinq minutes.

— J'ai de la chance, fit humblement René Leconte, qui pensait en catimini : « J'ai quand même rendez-vous... ».

Le clerc se leva et, dans sa superstition générale, René Leconte se dit qu'il était dans un jour de chance.

Le pantalon était joliment gonflé juste là où il fallait.

— Maître X. vous attend, fit le clerc en revenant, c'est la deuxième porte à droite.

René Leconte s'empressa.

— Merci, mon petit, merci.

***

Après la présentation et autres salamalecs d'usage, deux, trois minutes de conversation juste pour se prouver l'un à l'autre qu'on était du même monde, celui des bourgeois, ou du moins ceux qui se faisaient passer pour, ce qui revient finalement au même, le commissaire-priseur et « Emmanuel Laffite » en arrivèrent vite à l'essentiel, l'examen du tableau.

***

Le papier kraft reposait, froissé, sur une bergère signée Millon au milieu de sa feuille de nylon. Le bureau était petit, encombré comme tout le reste de l'étude. Un cartel dormait sur la cheminée de marbre et juste à côté, il y avait un pastel de Degas, une danseuse renouant sa ceinture de tutu dans son dos. Savoir si l'un et l'autre étaient vrais...

Maître... La quarantaine élégante, haut nœud de cravate à l'anglaise concurrençant la saillie de sa pomme d'Adam, mit en marche un projecteur à halogène. Une lueur à la fois douce et puissante éclaira le tableau poussiéreux. Dehors, des bus passaient, avec des bétonneuses venues de chantiers voisins, le radiateur du bureau tintait. Il faisait trop chaud, et le boîtier du téléphone, presque du dernier cri, avec sa masse brune vernie et sa floppée de touches, détonnait dans l'atmosphère XIXe siècle du bureau.

— Mais, on dirait « les Origines du Monde », de Courbet ! s'exclama le commissaire-priseur.

Leconte toussota :

— Non, ce n'est pas ce tableau-là, c'est l'autre... le vrai.

Maître ... se cabra, pomme d'Adam de plus en plus saillante au-dessus de son nœud de cravate.

— Vous voulez dire... Non, c'est trop beau pour que j'y croie ! Donnez-moi des preuves.

***

Sur le bureau plat, ébène et dorures, de Maître ... une chose assez jolie, mais qu'il avait dû racheter lui-même lors d'une vente, pour échapper aux réviseurs (1), les certificats s'accumulaient.

Vente du 12 juillet 1883 à Drouot, l'ancien, au même emplacement, mais détruit récemment pour permettre la construction du nouveau.

Vente du 7 mars 1902 à New York. Acheteur, William P. S. Regan.

Vente du 23 octobre 1935 chez Sotheby's à Londres. Acheteur, le comte Charles Of Season, qui l'avait revendu en 1955, à Genève pour cause de trop de socialisme travailliste autour de son château à Surrey.

Puis il y avait le dernier « bordereau ». 23 décembre 1967, de nouveau Sotheby's.

Après, rien d'autre.

(1) Combineurs, professionnels de l'achat truqué qui hantent les salles des ventes jour après jour à la recherche d'affaires à saisir, et se partagent ensuite lesdites affaires au bistrot, entre eux, lors de nouvelles enchères « privées ».

— Evidemment, fit René Leconte, l'acheteur a fait l'acquisition par un prête-nom. L'acheteur dont je suis aujourd'hui le coursier. Pour une revente.

Maître X. vérifia nerveusement la bonne tenue de son nœud de cravate.

— La question n'est pas là. Du classique.

Il contempla de nouveau le tableau.

— C'est quelque chose, quand même, de voir ça.

Il rit.

— Bon Dieu, mais c'est énorme, ce que vous m'apportez. Le vrai Courbet ! Vous pensez si je sais !

Son rire se fit nerveux.

— Chez ce célèbre psychanalyste mort récemment, le premier tableau, qu'il cachait derrière un nu osé d'André Masson... Ça, c'est le côté officiel. Un tableau pour l'instant inaccessible. Mais l'autre ! l'autre !... Là, devant moi. Je rêve !

— L'autre, oui, celui que Courbet a peint juste après, osant tracer avec son pinceau la réalité que son siècle lui interdisait de montrer.

Il prit un air de chaisière fascinée par le portrait du Christ en croix.

— Quelle beauté ! Quelle vérité !

Le commissaire-priseur eut un léger hoquet.

— Ça, il y est allé carrément, le bougre !

Ils contemplèrent ensemble, respectueux, les dilatations féminines du modèle.

— C'est quoi, finalement ? jeta le commissaire-priseur pour « détendre » l'atmosphère. Un 65 sur 54. Un quinze Figure (1).

— Un quinze Figure, approuva « Emmanuel Laffite ». Un joli quinze figure.

***

Après des retournements du châssis, des gratouillis d'ongle sur des surfaces, des reniflements savants, ils en arrivèrent vite à l'essentiel.

— Qu'est-ce que je peux faire pour vous ? fit Maître X.

Le petit brun aux yeux sombres sourit.

— Mais, le vendre ! Quelle question !

Le visage de l'autre se parsema de rides.

— Les temps sont durs, vous savez, la progression des ventes apparentes de la compagnie des commissaires-priseurs de Drouot (2) couvre à peine l'inflation. Les étrangers nous raflent tout le marché. C'est la pénurie.

René Leconte partit d'un rire acide.

— Ecoutez, cher Maître, on ne va pas jouer aux enfants de chœur, l'un et l'autre. Je vous

(1) Les dimensions de tableaux se classent en catégories de proportions, « Figure » est le rectangle le plus proche du carré. Puis il y a « Paysage », plus allongé horizontalement et enfin, « Marine ». Suivant la taille des tableaux, et dans chaque catégorie, les proportions restent les mêmes, mais chaque taille a une dénomination croissante, de 1 à 120. Exemple, un 1 Figure est un tableau de 22 sur 16. Et un 120 Figure, un tableau de 195 sur 130. Tous les marchands de châssis se conforment à ces règles.

(1) Les commissaires-priseurs parisiens sont groupés en compagnie où les bénéfices sont remis dans un « pot commun », avec évidemment proportionnalité aux succès de chacun.

apporte sur un plateau les vraies « Origines du monde » de ce petit cochon de Gustave Courbet, s'il y a un marché qui fonctionne au quart de tour, c'est bien celui des érotiques. Universel, inamovible, costaud comme la vente des revues pornos ou la prostitution. Alors, je ne suis pas venu avec ça, et les preuves d'authenticité l'accompagnant, pour mijoter. J'ai choisi votre étude, parce qu'elle est une des plus juteuses de Drouot. Pas loin de cent millions nouveaux de produit net, l'année dernière, je lis les journaux. J'ai des occupations professionnelles, une vie privée, les journées n'ont que 24 heures. Mais ça me laisse le temps de lire les journaux. Question : je continue à traiter avec vous ou je passe ailleurs ? Ce n'est pas loin, vos concurrents sont tous à deux pas d'ici.

La pomme d'Adam parut doubler de volume.

— Monsieur Laffite, tout ça, c'est le marché, la conversation de base, il ne faut pas m'en vouloir, je défends mon bifteck.

— Et moi, le mien, et celui de mon client. Je reprends : combien pouvez-vous vendre ça ?

La pomme d'Adam se mit à tournoyer.

— Je ne sais pas... Tout dépend du délai que vous me demandez, de la publicité.

— C'est très vite, évidemment.

Le commissaire-priseur parut reprendre le contrôle de la situation.

— Je vois. Problème d'IGF.

— Vous voyez juste. Je ne triche pas. Mais ce n'est pas une raison pour brader.

L'autre s'absorba dans des rêves.

— Il faudrait une vente spéciale. A huis clos si c'était possible. Avec une pub bien organisée au niveau international. Ça prendra des mois de travail.

— Et ça pourrait donner quoi ?

C'était dur d'arracher des estimations, mais le chiffre finit par arriver.

— Le vrai Courbet ?... Dans les dix millions. Un milliard ancien. Si on sait s'y prendre.

René Leconte se pencha.

— C'est le chiffre auquel je pensais. On parlera de tout le reste après, vos pourcentages et les miens, avec les « sous-main » habituels. Ne sursautez pas, je connais la question. Mais le problème est là, que je vous répète depuis une demi-heure :

La vente doit se faire sous quinzaine. A la limite : trois semaines. Pas plus.

Il sourit.

— Maître, toute votre pub, vos catalogues, ça atteindra qui ? Vous êtes assez en place dans le monde entier pour savoir qu'il vous suffit de quinze coups de téléphone pour rameuter en quinze jours les seuls véritables acheteurs potentiels de cette rareté.

Il écarta les mains, comme un Jésus distribuant aux foules la bonne parole de sa sincérité.

— Je vous mets au défi de me prouver que je raisonne de travers.

La sonnerie du téléphone grésilla sur le bureau.

— Annie, je ne suis là pour personne, jeta le commissaire-priseur.

En le regardant reposer son combiné, René Leconte dissimulait un sourire de triomphe : l'autre accrochait, qu'est-ce qu'il accrochait !

Maître X. joua dignement de ses longues mains racées.

— Pour nous résumer, fit-il, vous me demandez une vente privée ?

René Leconte croisa les jambes.

— On peut utiliser toutes les expressions que vous voudrez, mais c'est un peu ça.

Le commissaire-priseur se pencha :

— Est-ce que vous vous rendez bien compte, Monsieur, de ce dont vous me parlez ? Je suis à la tête, avec des associés, d'une des quelques grandes études de l'Hôtel Drouot, celles qui font vivre les autres, les minables, par une rétrocession inique bien que légale, d'une partie de nos gains, et vous, vous me parlez tout simplement d'une vente interdite, illégale !

René Leconte se leva. Il alla calmement jusqu'au tableau, le prit, ramassa son papier kraft et commença à l'envelopper.

— Eh bien, soupira-t-il, il me reste à trouver un de vos confrères plus compréhensif...

Maître X. le rattrapa au moment où il allait franchir le seuil du bureau.

— Encore un instant, haleta-t-il.

René Leconte se rassit, son tableau réenveloppé sur les genoux comme un écolier avec son cartable devant le censeur.

— Vous êtes réellement compliqué, Maître. Allez-vous enfin comprendre que je parle sérieusement ?

La pomme d'Adam s'offrit quelques nouveaux aller-retour salivaires.

— C'est la déformation du métier, Monsieur,

j'essaye jusqu'au bout de rester dans la légalité. On a tellement de problèmes, si vous saviez.

Les yeux noisette s'agrandirent comme des projecteurs camouflés.

— Bon, on cause, ou quoi ? Le temps passe.

***

Le commissaire-priseur décrocha le combiné :

— Mais je vous ai dit que je n'étais là pour personne !

Il faillit réduire en compote le combiné en raccrochant.

— Qu'est-ce que je vous proposais ? soufflat-il, ouvrant son mini bar camouflé en coffre-fort à l'ancienne derrière lui. Ah, oui, whisky, cognac, vodka ?

— Jus de fruit, vous avez ça ?

— Allons pour le jus de fruit, soupira le commissaire-priseur, qui rêvait d'un cognac après toutes ces émotions.

Il se fit patelin en décapsulant un 33 centilitres gazeux.

— Vous me laissez le tableau, n'est-ce pas ?

René Leconte avala quelques bulles de soda.

— Vous voulez rire, non ? Je vous laisse les photocopies des certificats, des photos du tableau, et rien d'autre. Le tableau, c'est moi qui l'apporterai le soir de la vente.

***

Resté seul dans son bureau, Maître X. se servit en Suisse le cognac dont il rêvait, et il le but d'un trait. Puis il s'en resservit un autre, qu'il ne but que lentement, après avoir allumé un Partagas.

— Ça, c'est un bon coup, glousse-t-il en se grattant la pomme d'Adam. Un coup comme j'aime. Pour une fois que j'ai un tableau qui provient de l'Enfer d'un collectionneur (1).

Il attrapa son combiné.

— Passez-moi à New York qui vous savez. En prioritaire dit-il d'un ton sans réplique.

(1) Enfer d'une collection. Enfer d'une bibliothèque : œuvres ou ouvrages interdits. Ne pouvant être officiellement montrés. Il y a des Enfers de collectionneurs dans le monde entier.

CHAPITRE XI

Une pince à épiler, ça vaut quoi ? Une pince de base s'entend, chromée ou dorée pour tenir un an max, mais ça n'a guère d'importance, on la perd vite. 25 Francs, 30 Francs. Dans la fourchette en tout cas, selon les réglementations régionales de prix, aussi compliquées pour cet objet-là que pour le coût de l'essence.

Edgar Andreat avait payé la sienne 27 Francs, à la pharmacie du port, à Honfleur. En d'autres temps, il serait ressorti sans attendre la monnaie sur son billet de 50. Mais prudence oblige. Il n'était pas question de se faire remarquer par des largesses dépassées.

En tout cas c'était une bonne pince, avec un joli ressort puissant juste ce qu'il fallait, et qu'il avait plaisir à mettre en action depuis une petite demi-heure.

— *Please, please...*, se tordit Victor Hugo.

Il lâcha dans son jargon anglo-portugais qu'il avait mal, qu'il demandait un délai. Qu'on recommence plus tard, qu'il n'était pas contre l'épilation, mais simplement, il demandait un délai.

Edgar se releva.

— *OK, baby.* Mais reste comme tu es, bien ouvert. J'adore les poses, il faudra que tu t'y fasses, j'ai l'intention de te faire poser, beaucoup.

Ses mocassins de chez Gucci arpentèrent avec légèreté la moquette de la chambre. Ses pas le dirigeaient vers la table roulante à lourde nappe empesée qu'un serveur d'étage avait poussée tout à l'heure jusqu'ici.

Edgar Andreat n'avait pas lésiné. Caviar, langoustes, vodka et zakouskis, avec pour finir, arrosé de blanc de blanc, une merveilleuse charlotte à la framboise.

Il attrapa son paquet de Player's et fit claquer son briquet. Une banalité « Cricket ». Ça faisait des années qu'il avait abandonné la frime avec les objets usuels. Même avec les voitures, lui qui avait eu une Rolls... Il était venu ici en Renault 12. Dur à faire avaler à Victor Hugo. Un vrai problème : comment le garder en vivant au niveau français ? A savoir le garrot financier...

« Ce sont de bons flics, ces gens de la Brigade Mondaine, murmura-t-il avec cette voix qui ne cherche que soi-même pour auditeur. Ils ont tout pigé, c'est évident. D'accord, le petit chauve n'a pas pu s'empêcher de lâcher le morceau en essayant de m'avoir. Mais quand même...

Il tira sur sa Player's.

— C'est émouvant, les flics. Ça gagne trois balles dix ronds, c'est méprisé, et ça vaut le coup d'être mieux connus...

La Player's rougeoya au bout de ses lèvres.

« Ils me croient à la Garde-Freinet, ils m'y croient vraiment... »

Peu après Wissous, sur l'autoroute du sud, avec

la R 12 quand il avait fait cette manœuvre dingue, au risque de tuer trente personnes, outre Victor Hugo et lui-même, il avait vraiment risqué sa peau.

Il s'avança un peu plus vers la baie vitrée qu'il ouvrit. De l'autre côté de la jetée, et des « résidences » d'été désertes en cette saison, la mer. La mer violente de février, grise et houleuse comme dans un tableau d'Eugène Boudin. Les mouettes criaient, l'odeur de mer venait, montait, forte, entêtante, chassant les volutes de fumée de la Player's sur laquelle tirait Edgar Andreat. Le *Grand Hôtel* à Trouville... L'hôtel de Marcel Proust, celui des (fausses) jeunes filles en fleurs. Proust y louait les chambres de chaque côté, de la sienne plus celle du dessus et du dessous, pour se protéger des bruits. C'était le luxe... Ce qu'il en restait aujourd'hui : la salle de restaurant, abîmée quand même par des découpages de commodités de service, alors qu'il y a tellement de chômeurs... Mais rien n'entame vraiment les émotions pour les fous du passé. Ils trouvent toujours quelque chose de bon à prendre.

Et là c'était, pour Edgar Andreat, riche « tué » par les modes politiques nouvelles et réduit à une cavale sombre pour essayer de survivre au seul niveau acceptable pour lui, celui d'un « luxe raisonnable », une espèce d'émotion venue du fond de ses lectures adolescentes. Trouville, Proust, les mouettes. Albertine courant sur la jetée. Une sorte de dernier rendez-vous avec ses illuminations passées avant de s'enfuir pour toujours de ce pays qu'il ne comprenait plus.

Au loin, un pétrolier luttait contre le jusant, les nuages descendaient sur lui, beaux comme des colères de Zeus, l'odeur d'iode montait avec la marée, tout était d'une beauté à pleurer. Pourquoi fallait-il que deux flics tenaces soient après lui ! Collés à ses basques comme des chiens de chasse. Ça, il ne les méprisait pas ! Ils faisaient leur travail... Mais comment leur dire qu'il voulait juste se tirer. Juste se tirer...

Il écouta, fasciné, des jets sourds de cornes de brume au loin, il but avec passion l'odeur de l'iode de plus en plus violente.

Le mélange de vodka et de blanc de blanc le saoulait autant que l'odeur forte de la mer et celle des souvenirs venus de l'enfance. Des vacances de pauvre, en bas, en lorgnant vers les fenêtres de luxe du *Grand Hôtel.* « J'y prendrai une chambre un jour, j'y entrerai le front haut... »

C'était fait, il avait fait tout ça. Et aujourd'hui, échappé à l'astuce à la traque des flics, il était revenu ici. Combien de temps durerait le répit ? A la Garde-Freinet, toutes les brigades locales devaient guetter son arrivée. Elles téléphoneraient, la traque reprendrait. Il avait beau avoir un faux passeport...

Il se recula, croisant les doigts.

— *Inch Allah...* Un petit coup de chance, c'est tout ce que je réclame.

Il revint vers le lit. Victor Hugo était toujours une merveille de docilité ouverte.

— *My dear, my dearest...*

Il se pencha, attrapant la pince à épiler.

— On recommence, hein !

Le travelo se cabra, incisives du dessus mangeant sa lèvre inférieure. La pince s'avança, vers le pubis.

Comme ça, pour se consoler de ses soucis, Edgar Andreat avait décidé d'épiler son giton comme les Arabes épilent leurs femmes.

***

Très loin à droite, le phare du Havre papillotait depuis longtemps dans la nuit quand Edgar Andreat se releva, lâchant la pince à épiler. Il contempla, avec une satisfaction délicieuse le pubis lisse de Victor.

— Je te ferai faire ça à l'électricité, définitivement, murmura-t-il.

Le petit travelo brésilien ondulait sous lui dans la couverture de piqué blanc, seins lourds balancés, pesant incroyablement. Et, en dessous du ventre lisse, il y avait ce sexe d'âne...

Edgar Andreat se rejeta en arrière. Ce qu'il avait là, devant lui, c'était le bonheur, le rêve de toute sa vie, un giton parfait, et ça ne marchait pas ! Le fric ne suivait pas ! Tout risquait de s'effondrer un jour, peut-être très vite. Enorme pari sur un tableau de femme ouverte comme le petit travelo était ouvert devant lui...

Il avança la main, avec cette résolution des désespérés qui n'ont plus que les choses du sexe pour se raccrocher à la vie. Il ne cherchait pas une caresse directe sur le sexe circoncis ! Ah, non ! il voulait mieux. Une approche lente et tendre, une manœuvre des ongles autour de l'aine, des hésitations, et ça marchait, encore une fois. Victor Hugo montait, montait ! C'était fabuleux, dans cet écartement de cuisses de Lolita et au-dessous de ses seins lourds de femme, l'érection de cette queue d'âne !

Il haleta, il ouvrit la bouche et il plongea.

La sonnerie du téléphone sur la table de nuit le sortit de son action comme un coup de feu réveille un dormeur illuminé par des imaginations paradisiaques.

— Ah, c'est toi, c'est toi ! Alors ?

Jamais il ne prononça de nom, ni de prénom. Mais en raccrochant, il savait qu'il allait honorer Victor Hugo sans les remords sociaux d'avant. La vente était en route. La chance revenait.

Il rit, tout seul, avec des agitations nerveuses des épaules. Juste avant de replonger, il eut un scrupule. Sa bouche devait sentir les alcools qu'il avait bus, le tabac qu'il avait fumé. Il pensa qu'il fallait aller brosser tout ça. Ne serait-ce que par respect pour la splendeur jeune et puissante de l'objet dressé qui vibrait vers lui avec des ondulations de marée montante.

— Amalia, Amalia, balbutia-t-il. *I love you...* Il se penchait de plus en plus, riant intérieurement de ses scrupules de brossage. Qu'est-ce que ça pouvait faire à Victor Hugo ?... Mais quand même, il se sentait aussi compliqué que Proust avec celui qu'il appelait Albertine...

A peine avait-il atteint de ses lèvres, juste atteint, la chair rose et tendue du gland qu'il se rejeta en arrière, manquant de dévaler sur la moquette à se briser les reins.

— Amalia ! fit-il, empêtré de la voix, qu'est-ce que tu as fait ?

Le travelo se releva sur les coudes et se mit à rire, seins ballottés.

— Eh quoi ? J'ai giclé, c'est interdit ? Depuis le temps que tu me fais attendre.

***

Edgar Andreat réapparut sur le seuil de la salle de bains, très digne, s'essuyant délicatement du dos de la main des restes de gouttelettes d'eau sortie du robinet après sa toilette faciale.

— Tu es une vilaine, toi, tu as fait exprès. Ça, je l'ai vu. Tu riais, après.

Le giton joua des épaules, visage soudain dramatique dans ses faux cils.

— Edgar, je veux retourner là-bas chez moi. Chez nous. C'est l'été, on a chaud, pas besoin de chauffage.

L' « Argentin » se propulsa en avant, luttant avec toute sa fierté pour ne quand même pas s'agenouiller.

— Dans pas longtemps, je te le jure, balbutia-t-il. Encore un truc ou deux à régler et on s'en va. Définitivement.

Il releva le nez, lèvre inférieure restée collée au bas de l'objet que sa langue s'était « mise en tête » de faire redémarrer illico, côté explosion liquide.

— Un peu de patience, je t'en prie...

Le travelo battit des pieds dans le piqué blanc de la couverture.

— Suce-moi, il n'y a que ça pour m'aider à attendre.

CHAPITRE XII

La voix était ferme et nette, avec un léger accent du Midi.

— Vous vous souvenez peut-être de moi. Joseph Aubert, du SRPJ (1) de Nice.

Boris Corentin fronça les sourcils... Pas longtemps : sa mémoire était encore organisée comme celle d'un ordinateur, n'en déplaise à Aimé Brichot.

— Mais bien sûr, fit-il gaiement, l'affaire de la belle syphilitique tueuse d'hommes (2) Qu'est-ce que vous devenez ?

— Oh, toujours le train-train habituel... A votre prochaine visite sur la Côte, n'oubliez pas de me faire signe, on déjeunera ensemble.

Corentin promit.

— En attendant le plaisir, reprit Joseph Aubert, j'ai une réponse aux tuyaux que vous nous avez demandés.

Corentin se concentra.

— Je ne sais pas si c'est exactement ce que vous

(1) Service régional de la police judiciaire.

(2) Voir Brigade Mondaine n° 11, *la Mante religieuse.*

attendiez, reprit le flic niçois, mais ça m'étonnerait. Les collègues de Saint-Tropez planquent autour de cette ancienne école de la Garde-Freinet. Rien. Personne n'est arrivé, les clés sont chez le marchand de journaux, qui n'a reçu aucune visite.

Corentin se mordit les lèvres.

— M... pensa-t-il, Mémé avait vu juste.

Il rapprocha ses lèvres du micro du combiné.

— Excusez-moi, mais... Enfin, vous avez fait faire une visite rapprochée ?

Joseph Aubert rit franchement.

— Bien sûr... Ça reste entre nous, n'est-ce pas, mais les gars se sont introduits dans la maison pas plus tard que ce matin à l'aube. Le vide total. Et la boîte aux lettres était bourrée de prospectus de publicité.

Boris Corentin y alla de ses remerciements, et de sa promesse répétée de faire signe quand il descendrait sur Nice.

Il raccrocha d'une main lasse.

« Bon, récapitulons, se dit-il. Les choses se précisent, et c'est tant mieux d'un côté, parce que ça prouve qu'on ne se gourre pas, côté poisson à ferrer. Cela dit, quelle vacherie que le poisson ne soit pas allé là où on croit.

« Où peut-il être, Andreat, Bon Dieu ? »

Il reprit son téléphone et fit plusieurs appels de pure routine vaincue d'avance, mais sait-on jamais.

A la fin, il savait une chose : à moins du coup classique du faux passeport, Edgar Andreat était toujours en France.

Il tira doucement le tiroir de son bureau et

contempla les photos prises de nuit au bois de Boulogne.

« Avec un partenaire aussi ahurissant, murmura-t-il toujours pour lui-même, il va bien finir par se faire remarquer. C'est une chance pour nous. »

Il réfléchit encore un instant. L'idée qui le traversait, c'était de faire distribuer à toutes les polices, brigades, gendarmeries et postes douaniers des pays la photo d'Edgar Andreat et celle, agrandie, du visage du « partenaire », en pleine action au bois de Boulogne.

Il se recula dos écrasé dans le plastique de sa chaise.

« Je rêve... le délire... quel mandat puis-je avoir contre Andreat ? Et contre l'autre ? Rien. Il me faudrait une commission rogatoire. N'importe quel stagiaire postulant au rang du juge d'instruction me rira au nez, ils téléphoneront à ma Direction pour signaler qu'un flic ignorant des règles s'est glissé dans ses rangs...

Il ouvrit à fond son tiroir, cherchant le paquet d'Américaines blondes réservées aux moments de profond désarroi professionnel. Le briquet claqua, et la fumée à la fois âcre et miellée envahit de son poison réconfortant sa gorge, puis ses poumons.

— Ça ne va pas, Boris ! jeta Aimé Brichot, qui entrait en fanfare (ses jumelles Rose et Colette, venaient d'obtenir B plus au conseil de classe). Ne me dis pas non, ça ne va pas.

Corentin le fixa, hochant lentement la tête.

— Non, Mémé, ça ne va pas. La maison de la Garde-Freinet est vide. Personne à l'horizon.

Brichot ouvrit la bouche.

— Oh, tais-toi, soupira Corentin dans une volute bleue de fumée. Ce n'est pas le moment. Tu avais raison, d'accord.

Il agita sa cigarette.

— N'empêche, si tu n'avais pas lâché le morceau avec ta question aussi sotte que grenue, l'autre soir dans ce restau pourri, il y serait peut-être, Andreat, à la Garde-Freinet.

— Et alors ? fit Aimé Brichot avec ce calme que rien ne peut attaquer des pères dont les filles ont obtenu B plus au dernier conseil de classe (1), Garde-Freinet ou pas, ça ne change rien au problème, on n'a que des soupçons. Notre fameuse théorie picturale.

Il esquissa un petit rire nerveux.

— Cela dit, on sait quand même quelque chose d'utile : Andreat a quelque chose à se reprocher, puisqu'il disparaît.

— Ça, je te l'accorde, seulement, s'il n'avait pas disparu, ça arrangerait bien la chasse.

Aimé Brichot disposa soigneusement son imper Burberry sur sa patère personnelle, à gauche de la porte d'entrée du bureau des Affaires recommandées.

— S'il n'avait pas disparu, c'est qu'il n'aurait rien à se reprocher, tu ne m'enlèveras pas ça de l'idée.

Corentin écrasa sa cigarette à demi grillée dans le cendrier.

(1) Par les temps qui courent, c'est dès la moitié du trimestre — ici en février — que se réunissent les conseils de classe. Plus à la fin du trimestre...

— Mémé, tu me prends pour le dernier des imbéciles ? Il y a mille ans que j'ai pigé, avec Andreat, et que je sais qu'il trafique un truc...

Il parut se dominer avec un immense effort.

— Seulement, je sais qu'il flippe, qu'il s'affole, qu'il n'est plus aussi mariole qu'avant. Aller à la Garde-Freinet, c'était ce qu'il avait de plus intelligent à faire. Téléphone sur écoute, OK, surveillance discrète, OK, ça n'empêche pas, et tu le sais bien à l'expérience de tas d'affaires passées, qu'un suspect surveillé prend les contacts qu'il veut au nez de n'importe quel flic ! S'il a choisi la disparition, ça veut dire qu'il s'affole et, là, il risque de faire des c...ies. A moins, et c'est l'autre solution à laquelle je pense aussi depuis un moment, que son coup soit encore plus pourri qu'on ne croit. Un coup doublé, tu piges ?... Et, comme il a disparu, il va nous falloir trouver une autre filière pour rester au parfum.

CHAPITRE XIII

Maître X. commissaire-priseur à l'Hôtel Drouot, agita un de ces petits marteaux tout juste bons à écraser les papillons de nuit et dont il y a longtemps que la tête n'est plus en ivoire véritable.

— Messieurs, fit-il...

Il sourit, s'inclinant vers le fond de la salle, où trois jeunes femmes siégeaient, apparemment noyées dans le flot masculin.

— Mesdames et Messieurs, pardonnez-moi, nous allons donc mettre aux enchères ce tableau.

Il vira légèrement du buste vers le 15 figure présenté à côté de lui, relevé par une pile de bottins.

— Inutile, reprit-il après une lente contemplation « respectueuse », de vous rappeler l'auteur, ni les références, vous en avez tous photocopie, et vous les avez, toutes et tous, vérifiées. Laissez-moi seulement vous rappeler que cette vente, aussi... spéciale soit-elle, se déroulera selon les conditions habituelles en usage en France. A savoir 16 % de frais en dessus des enchères jusqu'à six mille francs, 11,50 % de six mille un francs à vingt mille francs et 10 % au-dessus de vingt mille francs. Je précise encore que selon l'usage, la partie de tranche allant de 0 à six mille francs supporte 16 % de frais quel que soit le prix total obtenu, et celle de six mille un à vingt mille, 10 %.

Il y eut un éclat de rire général. Et il sourit.

— Je pense que personne ne m'en aura voulu de ce petit numéro dont le but était de détendre l'atmosphère.

Il agita son marteau.

— A quel niveau puis-je commencer les enchères ?

Un bras se leva au milieu des rangées.

— Allons, Maître, continuons dans la plaisanterie. Mettons : cinq cents francs.

La glotte du commissaire-priseur fut prise d'une hilarité secouée.

— Exactement le chiffre auquel je pensais. Ça va être assez drôle, vous ne croyez pas, de voir à quelle vitesse les enchères vont atteindre leur véritable niveau ?

Il se rétracta un peu. A part l'homme aux cinq cents francs, et lui-même, personne ne trouvait plus drôle du tout le numéro... Et il aurait été impossible à un observateur impartial de discerner sur le visage de Maître X., s'il croyait à l'authenticité de « son » chef-d'œuvre inconnu de Courbet, ou s'il avait été le premier, à l'examen, à déceler la fraude... Et si alors, tout le numéro de René Leconte, l'autre jour dans le bureau de son étude, n'avait pas fait plus d'effet sur lui qu'une douche tropicale sur un plumage de canard.

***

Le monde des collectionneurs est comme celui des fous du jeu ou celui des amants. Téléphonez à une fille ayant trouvé l'homme de sa vie sur une plage du Club Méditerranée au Sénégal ou à Tahiti et qui l'a perdu de vue depuis 6 mois, dites-lui qu'il est à côté de vous et qu'il l'attend, elle lâchera tout, et vendra toutes ses économies pour rappliquer même si l'aéroport du destinataire est à l'autre bout du monde. Appelez un dingue du bridge pour lui proposer une partie à cinquante dollars le point avec Omar Sharif à Brisbane (Australie) il laissera femme, enfants et boulot pour foncer vers le lieu de ses désirs violents. Et il est inutile de prendre d'autres exemples, chez les fous du poker, du gin, du billard à trois boules, ou de l'américain. Dans ce salon de l'hôtel *Méridien*, porte Maillot, il n'y avait que des fous de peinture — ou des employés de fous. Des factotums avec des chèques signés en blanc. En quelques jours, il avait suffi d'un nombre beaucoup plus réduit qu'on ne croit d'appels téléphoniques pour que la confrérie internationale des passionnés d'art érotique soit mise en état de fébrilité de force 15. Un *détail* avait suffi à prouver aux correspondants le sérieux de l'affaire : malin, Maître X. n'avait pas appelé le réseau depuis Paris, trop soumis aux contrôles de tables d'écoute. Un clerc de confiance était allé prendre une chambre d'hôtel à Londres, qui est à deux pas via Roissy, et avait sorti sa liste de numéros, posée sur la table de nuit, à côté d'un whisky, avant de rentrer le soir même à Paris.

Le ram-dam avait été gigantesque, même si aucun des satellites d'observations de deux superpuissances ne l'avait décelé. En vingt-quatre heures, et tenant compte des fuseaux horaires, des dizaines de cœurs au compte en banque bien garni avaient palpité à 23-15 de tension tout autour du globe terrestre. Sorties des bibliothèques les encyclopédies ! Les reproductions ! Les biographies de Gustave Courbet, peintre français du XIXe siècle ! La planète avait tourné dans le vide intersidéral, et tout autour de cette planète, des pages et des pages de papier glacé avaient été feuilletées par des index exaltés. Pour la première fois, il réapparaissait, ce fameux second Courbet des « les Origines du monde » ! Le *vrai* celui dont seuls quelques textes confidentiels parlaient, et dont on finissait par ne plus croire même à l'existence... Et la nouvelle venait d'une des plus célèbres études de Paris, connue pour son sérieux absolu. D'ailleurs, les preuves de « filiation » étaient là, suivant par courrier express...

L'appartement, au dixième étage du *Méridien,* avait été loué par Maître... sous prétexte d'un séminaire d'étude, sans aucune précision. Méthode facile et sans trop de risques : la France d'aujourd'hui rêve de congrès d'études avec le maximum de participants étrangers.

Crise oblige, il n'y avait que cinq ou six Français parmi les participants. Preuve que l'instauration de l'IGF a dramatiquement scié les jambes des amateurs d'art. Quelques années plus tôt, les Français auraient fourni la moitié du lot.

Le reste, le maximum du reste était américain, suisse, belge, anglais, japonais et ce qui devenait de plus en plus fréquent, singapourien et indonésien. Certains avaient fait le voyage eux-mêmes, couchant pour la nuit ici même au *Méridien* — 29 chambres réservées par les bons soins de Maître X. — D'autres, plus nombreux, avaient délégué des représentants, dont faisaient partie les trois femmes présentes. A un certain niveau de fortune, on ne se déplace plus, on a autre chose à faire, on envoie un employé, ou un agent, comme une maîtresse de maison envoie sa bonne faire le marché.

***

René Leconte était assis au dernier rang du salon où les employés d'étage, moyennant un bon pourboire en liquide — toujours ça de gagné, côté fiscal — avait rameuté leur maximum de sièges.

Il fixait le tableau.

Et il rêvait. A des choses pas si lointaines. L'arrivée, dans une rue privée chic, d'une courtisane de haut vol. Des photos, un drame, un maquillage en catastrophe... Il aurait son pourcentage sur la vente, en attendant le reste. Un joli paquet. D'autant plus que ce serait délivré en Suisse, directement. En vieil amateur d'art, il eut un restant de tendresse vers ce 15 figure qui allait partir. Et qui lui avait donné tant de soucis. D'accord, il n'aimait pas les femmes, mais il était *femme* dans sa sexualité, et ça l'affolait un peu, malgré le lieu et l'ambiance. Comme si ses fantasmes dominaient tout... Ce corps offert, le corps d'Eve, grasse et lourde de toutes les promesses de l'humanité à venir après elle. Tout au long de la préparation du coup, il avait évité de regarder « réellement » l'ouverture centrale.

Celle qui excite tant les hétéros.

Celle dont, après, sortent les bébés...

Subitement, il *voyait*, et il avait l'impression de piger, pour la première fois, pourquoi Gustave Courbet avait intitulé ça : « les Origines du monde »...

Il se passa la main sur les lèvres, essayant de rester digne. Pourvu que tout marche... Cet après-midi, il avait eu Edgar au téléphone. Victor Hugo faisait sa crise, ayant décidé de déambuler sur les planches de Deauville en imper de caoutchouc noir et escarpins vernis. Rameutant la population par ses gloussements hystériques. Ils finiraient par se faire remarquer...

Carl, lui, était reparti pour Copenhague, chez sa mère. Ça valait mieux, au moins de ce côté-là, tout serait sans problème.

Il releva le menton, la vente commençait.

***

— Je rappelle encore une chose avant de commencer, reprit Maître X. Nous sommes entre gens de bonne compagnie, mais sachez que cette vente est parfaitement illégale selon les lois françaises. Le paiement se fera en Suisse, et l'étude gardera le tableau jusqu'à la preuve du versement. Aucun chèque libellé en francs français n'est admis, même certifié. Cependant, les enchères se font en francs français pour plus de commodité locale.

Le costume était pied de poule à nuances fauves, la chemise dans les bruns orangés, la cravate bleu vif, la pomme d'Adam s'agita.

— On commence les enchères.

Il sourit.

— J'ai preneur à cinq cents francs, rappela-t-il.

Eclat de rire général.

Maître... se pencha.

— On joue le jeu ou quoi ?...

***

Ça galopait. De cinq cents francs, on avait très vite sauté cinq mille, puis à cinquante mille. Directement. Une rapidité d'accélération à donner le tournis aux habitués de l'Hôrel Drouot.

En moins d'une minute, les enchères étaient à cinq cent mille francs. Du jamais vu.

— Cinq cent mille, j'ai dit, cinq cent mille, fit Maître X. son marteau levé.

Rien, pas de nouvelle enchère. Aucun bras levé.

Le commissaire-priseur agita sa pomme d'Adam.

— Allons, on plaisante...

Dans toutes les ventes, il y a de ces instants où chacun s'observe. D'accord, tout le monde, ici, savait que cinq cent mille francs pour un Courbet à faire pleurer les musées, c'était payer dix francs une Ferrari. Tout le monde savait aussi que jamais le commissaire-priseur n'abattrait son marteau sur une enchère aussi dérisoire, même si son montant représentait le rêve inaccessible d'un smicard. Mais il y a des moments, dans une salle des ventes, même privée, où les acheteurs ont envie de se venger du commissaire-priseur.

Trônant là-bas avec son marteau, à côté de l'objet tellement convoité.

— Un million, jeta René Leconte, juste pour éviter l'apoplexie à Maître X.

Celui-ci réagit aussitôt au quart de tour.

— Un million, j'ai preneur à un million.

Alors, ça démarra enfin. Un million cinq cent mille à gauche. Deux millions à droite. Trois millions au fond. « J'ai dit au fond, la dame en tailleur Chanel... trois millions cinq cent mille à ma droite, devant, troisième rang, le monsieur à lunettes... »

René Leconte n'écoutait plus que distraitement. Il allumait une cigarette. Ici, contrairement à l'Hôtel Drouot, on pouvait fumer. Les clients étaient vraiment rois.

Il n'eut pas le temps d'attaquer sa troisième bouffée que les enchères étaient déjà à sept millions et demi. Sept cent cinquante millions de centimes.

Il y eut dans la salle comme une hésitation qui le paniqua un peu : le prix de réserve (1) était de dix millions.

— Je suis à sept millions et demi à ma droite, reprit Maître X. le regard balayant la salle.

— Huit, lâcha d'une voix claire la jeune femme en tailleur Chanel.

Et ça repartit. En quarante secondes — les échanges peuvent aller fabuleusement vite dans une vente — on en était presque au prix de

(1) Chaque vendeur peut fixer un minimum auquel il accepte de vendre. Si celui-ci n'est pas atteint il repart avec sa « marchandise ».

réserve : neuf millions sept cent mille neuf cent quatre-vingts millions de centimes.

Là, ça ralentit. Il y a des caps de prix qu'il est dur de franchir. Dans le salon de l'appartement du *Méridien,* le jeu ne se faisait plus désormais qu'entre quatre enchérisseurs. Un Anglais aux pommettes rougies par le whisky. Un Américain à l'air faussement placide, et les plus « sérieux » parce que factotums, visiblement : la blonde en tailleur Chanel et un Japonais de 25 ans au plus.

L'enchère était à la blonde : neuf millions huit cent mille. Elle observait le commissaire-priseur, calme, l'air de ne penser qu'à un prochain rendez-vous chez Carita.

— J'ai dit neuf millions huit cent mille, fit lentement Maître... levant son marteau comme à regret.

L'Américain dressa subitement la main.

— Dix millions.

Un milliard ancien...

René Leconte attrapa un millionnième de seconde le regard que lui lança le commissaire-priseur : le prix de réserve était atteint.

— Dix millions cent, jeta la blonde.

— Deux cents, fit le Japonais.

— Deux cent cinquante, se précipita l'Anglais.

Nouveau temps mort... A ce niveau de somme, les enchérisseurs ont la langue sèche.

— Trois cents, lâcha la blonde comme à regret.

— Dix millions quatre cents, fit le Japonais.

Et, subitement, ça repartit, quatre cent cinquante, cinq cents, six cents, six cent cinquante.

René Leconte n'en croyait ni ses yeux ni ses oreilles. On en était à dix millions sept cent mille francs, puis à onze millions. A douze, à treize, c'était une ruée folle, démente. Sept minutes s'étaient passées depuis la mise en enchères, il avait vérifié à son bracelet montre et déjà le Courbet valait quinze millions de francs.

Un milliard et demi ancien !

— Je suis à quinze millions, fit le commissaire-priseur, dont les pommettes rougeoyaient, quinze millions. Par Monsieur, au troisième rang.

Il désignait le jeune Japonais.

— Qui dit mieux, qui monte au-dessus de quinze millions ?

C'était fou ! Démentiel ! Dans le monde, qui pouvait sortir quinze millions de francs pour un tableau ? Et pourtant c'était vrai, l'offre était là, *sciant* les autres enchérisseurs.

Silence dans la salle, le commissaire-priseur allait enfin abattre son marteau d' « ivoire » quand subitement le téléphone posé à côté de lui grésilla.

Il décrocha nerveusement.

— Mesdames et messieurs, dit-il solennellement, j'ai par téléphone une offre supérieure. D'un million.

Il vibrait.

— Pardonnez-moi, mais j'ai mes preuves. Il s'agit de...

Il prononça le nom d'un vieillard extrêmement célèbre pour sa fortune faite, très longtemps avant la guerre de 1940, grâce au commerce avec la Russie.

— L'appel vient de Los Angeles, expliqua-t-il, fiévreux.

Il s'inclina.

— Excusez-moi encore, nous sommes en ligne depuis le début. C'est la règle du jeu, n'est-ce pas, les enchères se font de n'importe où.

L'Anglais secoua la tête.

— Pigé, s'il est sur le coup, inutile d'insister...

L'Américain se mit à verdir, le Japonais prit l'air d'un employé qu'on va fouetter au retour, la blonde se gratta le nez.

— Je peux lui parler ? interrogea-t-elle.

Maître X. se cabra légèrement.

— Mais... bien sûr.

Elle se leva, dansant sur ses talons hauts, et se déhancha jusqu'au bureau, où elle prit le combiné.

— Julius ? C'est Olga... A ça, mon salaud, tu nous a bien eus, tous... D'accord, tu le veux, je te comprends, tu as le fric. Inutile de lutter contre toi... Allô... Allô... Ah, j'ai cru qu'on nous coupait... Dis-moi, il est tôt... Tu t'es levé aux aurores... Ça va te fatiguer le cœur... Mais non, mon chou, je ne veux pas ta mort, mais pense seulement à une chose : ton Courbet, puisque tu vas l'avoir, richard, il ira où ? Dans un musée, où on le mettra au placard. Au rayon des œuvres sataniques dans l'*Enfer* du musée. Personne ne le verra plus. Laisse-le ! Abandonne. Mon client a 40 ans, il en profitera, et ceux qui viendront chez lui aussi. Ton offre promet le tableau au cimetière des musées. Tu es dingue...

Elle se tut, comme saisie par une irruption de rage. Puis elle hocha la tête.

— Désolée, fit-elle, il s'accroche, le gâteux, le vieux gâteux salaud...

Elle rendit le combiné à Maître X.

Celui-ci se précipita, quasiment au garde-à-vous.

— Votre offre est bien de seize millions de francs, n'est-ce pas ? Très bien... Laissez-moi le temps de voir s'il y a une offre supérieure.

Il se tourna vers la salle.

Mutisme absolu.

— Monsieur, laissez-moi vous faire écouter le bruit, vous avez le Courbet.

Il projeta solennellement son marteau sur le plastique gris du bureau.

Toc.

Bruit projeté par téléphone jusqu'à Los Angeles.

— Allô ? reprit le commissaire-priseur. A quel cours le change ? Mais celui du jour, Monsieur, celui du jour... Le tableau ?... Mais comme convenu, soyez sans crainte. Dès réception du chèque.

CHAPITRE XIV

Un certain nombre de choses se passèrent dans les heures qui suivirent, concernant ce qui était quand même finalement l'affaire Nadia.

Pour commencer par les événements les plus proches de la vente à huis clos de l'hôtel *Méridien,* il est utile de noter qu'Aimé Brichot, inspecteur de la Brigade Mondaine, sortit le premier du salon où il n'avait plus rien à faire, et où il s'était payé le luxe tout personnel, assis tout au fond, de surenchérir à un moment : le million quatre cent cinquante mille francs, juste après une offre du factotum japonais, c'était lui.

Lancés d'une voix dont le calme l'avait sidéré lui-même.

Pure *petite* expérience de flic mal payé, juste pour voir jusqu'où ça fait battre le cœur d'enchérir dans une vente historique, ça, pour la sensation, il avait été servi. Il avait failli arracher sa cravate de panique, sous le regard du commissaire-priseur dirigé vers lui, durant les quinze ou vingt secondes qu'il avait fallu à un autre pour couvrir son enchère. Une éternité d'angoisse...

Ahurissant qu'un homme de la classe de Maître X. ait pu imaginer qu'une vente secrète soit possible à organiser sans que la police soit mise au courant. Où peut donc pousser l'appétit du gain, même chez des gens censés exercer une profession où la prudence la plus extrême est de règle !

Au bar du *Méridien,* Aimé Brichot retrouva sa flèche, qui contemplait d'un air faussement distrait son Vichy fraise.

— Ça y est, fit-il, la vente est conclue. Acheteur...

Il prononça le nom du milliardaire presque nonagénaire qui tenait à force d'implants.

— Je sais, fit Boris. Il tendit la main.

Le barman leur fit un clin d'œil complice : la bande d'écoute d'enregistrement de communication de l'hôtel tournait encore derrière lui.

Aimé Brichot se hissa sur un tabouret commandant un Vichy fraise jumeau.

— On avait donc raison...

Corentin alluma une Gallia, sa cigarette douce des moments de calme.

— Raison, oui... Mais ça nous mène à quoi ?

Le feu de ses yeux démontrait que sous le calme apparent, la tempête se préparait.

— Eh bien..., fit Brichot, on va pouvoir coincer Edgar Andreat.

Corentin souffla.

— Ah ? Tu crois que c'est si simple ?

Aimé Brichot trempa ses lèvres dans son breuvage de régime.

— Tu m'amuses toi ! On a déjà pas mal avancé.

Corentin lui tapota le dessus de la main.

— Regarde...

Un petit brun au visage avide traversait le hall de l'hôtel de l'autre côté des vitres du bar.

— Il va téléphoner. Rendre compte. Pourvu que les collègues ne se soient pas endormis.

⁂

Dans la cabine numéro 3 du hall de l'hôtel *Méridien,* René Leconte glissa, tout banalement, ses piécettes dans le boîtier après avoir composé son numéro.

— Edgar ?... Ça y est, vendu. Pharamineux, seize millions ! Oui, 16 !... Qui ?... Le russophile, bien sûr ! Comme tu avais prévu. Par téléphone direct depuis Los Angeles. Je n'ai jamais vu ça. Bon, on fait quoi ?... OK, Genève, je sais où...

⁂

Penché au-dessous du bar, tête inclinée vers la bande enregistreuse et le petit micro qui répertoriait au niveau sonore juste suffisant la conversation téléphonique de la cabine numéro 3, Boris Corentin se passa longuement la main sur le dessus du nez.

— Comme c'est curieux, murmura-t-il, les voyous, les escrocs, ça gamberge des combines ultra compliquées et très marioles et puis, à un moment où à un autre, ça craque. Ça commet de ces enfantillages gigantesques qui fichent tout par terre.

Il vira vers Brichot.

— Tu vois, ça m'ennuie presque de le coincer parce qu'il a oublié, juste au moment où il ne fallait pas l'oublier, qu'on ne se sert jamais d'un téléphone, jamais, quand on a des choses importantes à dire... surtout par les temps qui courent. Allons, tant pis pour lui...

***

Pour se prouver qu'il avait encore la main, Boris Corentin demanda la permission aux collègues jeunots disposés à la sortie de l'hôtel d'alpaguer lui-même l'homme précis qui sortait de la cabine téléphonique numéro 3.

Permission accordée.

— Monsieur, s'avança-t-il, vous avez du feu ?

René Leconte fixa de ses yeux de noisettes subitement transformés en feu de forêt méditerranéenne la haute silhouette athlétique dressée devant lui, Gallia tendue entre pouce et index.

Demander du feu, c'est banal, et on lui en avait demandé souvent. C'était un *homo* comme lui. Une de ces façons dites banales d'entrer en conversations. Dragueurs hétéros ou homos, même façon de combattre...

Mais là, et l'évidence était énorme, l'athlète n'avait pas *besoin* de feu, et ce n'était *pas* un homo...

René Leconte n'essaya même pas de se fouiller à la recherche de son briquet. Il attendit, tête basse, que l'orage éclate.

Tout s'effondrait pour lui, et il était inutile de lui faire un dessin. Tout s'effondrait comme un château de cartes balayé par un coup de vent d'est après une construction méticuleuse.

Il vacilla un peu, knock-outé par l'assaut de cette réalité assenée au moment où il s'y attendait le moins.

— Cessez de jouer, fit-il, j'ai compris.

***

Deux heures plus tard, Maître... sablait le champagne dans son étude quand sa secrétaire insista pour lui passer une communication.

— Allô, Maître X. je vous remercie pour tout. On vient de m'appeler de Genève, le transfert de la somme a bien été effectué. Vous avez été correct. Votre pourcentage sera doublé, comme prévu.

La glotte du commissaire-priseur effectua une série d'aller-retour compliqués.

— Je vous remercie, je vous remercie vraiment.

Il se leva et alla se servir un alcool à son bar personnel.

« Ce Julius, se dit-il en claquant la langue après la première gorgée avalée, c'est quelqu'un. »

Il reposa son verre et sortit sa calculatrice d'un tiroir. Puis il se mit à calculer son pourcentage. Multipliant par deux. Pur plaisir de voir s'aligner les chiffres de cristaux liquides. Il y avait longtemps qu'il savait la somme exacte, au centime près, et convertie en dollars.

Mais encore une fois, impossible de savoir, à son calme apparent, s'il gardait un de ces petits coups de cœur de tous les commissaires-priseurs pour le chef-d'œuvre passé entre leurs mains le temps d'une vente, ou s'il savait, tout simplement qu'il s'agissait d'un faux.

***

De l'autre côté de l'immense baie vitrée briquée chaque jour par la femme de ménage chicano (1) de la propriété dont c'était le seul travail, des palmiers royaux se balançaient mollement au-dessus de la piscine dans la brise matinale venue du Pacifique. Conformément à la météo, transmise par la radio au bulletin de neuf heures : la journée serait enfin fraîche, après une quinzaine de canicule invraisemblable en février.

Julius D. attaqua sur le plateau d'argent massif apporté par son serviteur noir le deuxième eggs-and-bacon de sa matinée. Il était en robe de chambre de tissu éponge rose nouée à la taille, les orteils enfournés dans des pantoufles de cuir noir à boucles dorées. Il était heureux et il avait très faim. Très loin d'ici, à Paris, où la nuit tombait à l'heure qu'il était, il venait de réussir un de ses rêves secrets depuis si longtemps.

Acheter le double des « Origines du monde » de Courbet.

Le vrai tableau.

Le cochon.

Avant de jouer du couteau et de la fourchette, il flatta les mufles de ses deux dogues allemands. Des bêtes immenses, des mâchoires à tuer qui jouissaient ici, dans son *château* Louis XIII reconstitué, pierre après pierre, sur les hauteurs

(1) Surnom des Mexicains immigrés aux Etats-Unis.

de Beverly Hills, du droit d'entrer dans sa véranda — un rajout personnel au château, juste pour le breakfast. Un droit d'entrée interdit à tout autre être. Surtout humain. Julius D. aimait se ménager des *plages de solitude...*

Sur la table basse, un téléphone grésilla. Celui en connexion avec son secrétariat, installé dans l'aile gauche du château.

— Oui ? fit-il... Quoi ?

Il avait un peu pâli.

— C'est idiot, inimaginable... Bon, passez-le-moi...

Il repoussa son assiette.

— Je vous écoute, qui êtes-vous vraiment ? De l'autre côté de la ligne, la voix était lente et calme, avec cet accent anglais parfait qu'ont ceux pour qui la planète est devenue depuis longtemps un lieu pas plus grand à parcourir qu'un jardin potager.

— Le propriétaire du vrai Courbet.

Julius D. renifla.

— Le propriétaire, c'est moi. Depuis une petite heure. Qu'est-ce que ça signifie ? Et comment savez-vous tout ça ?

Après cinquante ans de combines et manipulations à la limite, le plus souvent dépassée, de la légalité au niveau international, le vieux filou était assez fin pour deviner que cet appel curieux ne signifiait pas une plaisanterie... ça venait d'Europe, peu de gens savaient ce qu'il avait acheté aujourd'hui.

En plus, son secrétariat avait filtré la communication. Des employés bien dressés. Motivés par des primes substantielles dont il retirait de fortes *pénalités,* chaque fois qu'ils n'avaient pas su éviter de lui passer un em... deur.

— Ça signifie, répondit, de plus en plus tranquille, Edgar Andreat, que vous vous êtes fait voler. Vous avez acheté, très cher, un faux, et je peux vous le prouver. Le vrai Courbet du « deuxième rayon » (1), ce n'est pas vous qui le possédez. C'est moi !

Il rit, et son rire traversa les milliers de kilomètres le séparant de celui qui l'écoutait, de plus en plus décomposé.

— Julius, vous vous êtes fait avoir comme au coin d'un bois.

A Los Angeles, il n'y eut aucune crise de rage. Aucune explosion verbale. On n'a pas passé sa vie à jouer tous les jours tout à quitte ou double, sans être capable de se dominer. Et de réfléchir très vite.

Julius D. observa sans les voir les palmiers royaux qui se balançaient de l'autre côté de son interminable piscine.

— Si ce que vous dites est vrai, quel est votre prix ?

Edgar Andreat se paya le luxe de paraître réfléchir.

— Continuons à parler en francs français. Vous avez payé votre croûte seize millions... Vous voyez que je sais... Je vous vends le vrai vingt millions. Pas un centime de moins.

(1) Expression venue des bibliothèques ; on met au second rayon, celui qui est en retrait, donc difficile à atteindre, les œuvres à ne pas mettre entre toutes les mains.

— Pour moi, ça veut dire trente-six millions de francs français au total.

Il rit nerveusement.

— Pas mal. Et le tout dans votre poche... Parce que j'ai pigé : toute l'affaire, c'est vous.

Poliment, Edgar Andreat protesta. Mais non, des voyous l'avaient blousé. D'accord, il avait cherché à vendre, mais il avait reculé au dernier moment. Son seul tort avait été de confier le tableau à des gens dits de confiance qui avaient dû en profiter pour faire un faux.

— Ne tournez pas autour du pot, jeta en français Julius D. c'est inutile. On se voit quand et où ?

Il serra ses mâchoires puissantes.

— Si c'est une blague, je vous ferai découper en petits morceaux. A la chinoise. J'ai d'excellents chirurgiens qui savent ligaturer les artères pour faire patienter le bonhomme, et soutenir le cœur. Le temps de continuer.

Il rit :

— Ne vous inquiétez pas pour moi, je ne crains pas les tables d'écoute. Tout appel, ici, est brouillé, sauf pour moi.

Le vieux brigand international touilla de sa fourchette d'argent ses œufs qui refroidissaient.

— Le dernier petit con à m'avoir ennuyé à duré trois semaines...

***

Le vieux requin californien eut deux conversations téléphoniques juste après.

Une, il intima l'ordre à son secrétariat d'avoir à

faire mettre en chauffe le plus vite possible son Boeing 707 privé, direction l'aéroport de Genève-Cointrin.

Deux, il se fit connecter sur la ligne privée de James H. Rupert, conseiller direct de la présidence américaine concernant les affaires privées des citoyens américains quand elles s'étendent au niveau international.

— James ?... C'est Julius, je suis dans un coup d'arnaque assez bien ficelé... Oui, OK, une histoire de tableau. Tu me connais... Mais ça m'énerve, très fort, je veux piéger le personnage, qui n'a pas l'air nul, attention... Tout va se passer à Genève, et très vite, je descends dans ma villa des hauts du lac. Dès que je suis arrivé, je te rappelle.

Il se passa la main sur sa calvitie de nonagénaire. Un des rares détails de fuite des ans que les traitements rajeunissants n'étaient pas parvenus à vaincre.

— Je ne sais pas pourquoi, mais c'est pure intuition, je flaire que la police française doit être sur le coup. Ils ont encore des gens valables... Tâche de voir de ce côté-là.

Il sourit.

— Dis donc, James, on n'a pas dîné ensemble depuis longtemps ? Alors, à quand ?

***

Victor Hugo frissonna dans son vison blanc.

— Wouah ! c'est froid, Genève !

Le douanier examina d'un air fatigué le passeport de la Brésilienne nommée Amalia Quivir.

— Ça va, fit-il, vous pouvez passer.

Ils s'engouffrèrent dans un taxi.

Le Boeing 707 de Julius D. fonçait à neuf mille mètres d'altitude, très loin, au-dessus de l'Atlantique nord, très loin, mais avec une arrivée prévue dans cinq heures. A bord, dans sa « chambre » tendue de toile de Jouy, Julius D. ronflait, assommé de somnifères juste calculés par son médecin personnel pour le délai du voyage, et qui le rendraient frais et dispos à l'atterrissage.

***

Boris Corentin leva les yeux vers le tableau d'affichage électronique, à Roissy.

— Porte 6. Embarquement dans un quart d'heure.

Aimé Brichot poussa le coude dans les reins de René Leconte.

— On va monter dans le tube, fit-il. On va être docile, on ne va pas faire le scandale à la douane, on est coincé.

Il sourit, méchant.

— On n'oublie pas qu'en collaborant sagement, on négocie une réduction de peine.

Il y avait des heures que les yeux noisette du petit brun entretenu au culturisme intensif avaient perdu toute fierté.

— Arrêtez de m'asticoter, fit-il. A quoi ça sert ? Je ne suis pas fou, j'ai compris que j'étais foutu.

Aimé Brichot le fixa.

— Merci. La vérité, ça fait toujours plaisir, quand ça se propulse jusqu'aux tympans.

CHAPITRE XV

Le commissaire divisionnaire Charlie Badolini poussa devant lui sur le cuir de son bureau Empire, une série de paquets de cigarettes de différentes nationalités, comme on pousse des pions sur un plateau de jeu de dames, avec l'ongle de l'index.

— Choisissez ce que vous voulez. De toute façon, c'est l'Etat qui paye. Enfin, je veux dire : les contribuables, ces vaches à lait.

Une glotte nerveuse monta et descendit quelques étages d'*ascenseur* angoissé en face de lui.

— Benson, finit par dire le commissaire-priseur. Il avança une longue main qui était loin d'avoir dans le geste l'autorité de son maniement princier du marteau d'ivoire.

Histoire de ramollir les défenses de sa prise, le chef de la Brigade Mondaine choisit le même type de cigarette, contre ses habitudes, depuis longtemps ancrées dans le tabac brun.

Des volutes bleues miellées allèrent paisiblement à la rencontre l'une de l'autre dans l'atmosphère bien chauffée, malgré une jolie tempête de février sur la Seine, hors du bureau imposant. Un ange lourd de questions et de méfiance retenues voleta dans tout ça, accélérant le mélange. Il fallait quand même qu'il serve à quelque chose ! En l'occurrence, accélérer l'issue du supplice du commissaire-priseur.

— Maître, finit par dire Charlie Badolini d'un ton de reproche paternel, vous êtes un homme qui jouit d'une position sociale particulièrement enviable. Votre étude fait partie, en bonne place, des trois ou quatre qui maintiennent l'Hôtel Drouot au-dessus des vagues en cette période de fous, votre épouse est Maître de Requêtes au Conseil d'Etat. L'aîné de vos quatre enfants vient de sortir de l'X à 20 ans, dans la « botte ». Le deuxième, une fille, est en hypokhâgne et les deux derniers marchent sur les traces des aînés. Vos dîners parisiens sont très courus. J'ai eu deux ou trois fois l'honneur d'y être convié par carton gravé, à l'ancienne mode. Et j'ai pu y remarquer, outre l'excellence de la table, la maîtrise parfaite de votre épouse dans l'art de mener les conversations, dans un décor dont je me demande toujours pourquoi il ne figure pas à l'honneur dans les meilleures revues d'ameublement de goût. A ces dîners, j'ai noté aussi combien votre conversation personnelle était brillante, à la fois drôle et profonde, témoignant d'un de ces esprits rares auxquels les temps présents ne nous habituent plus guère...

Maître X. le fixait, visage apparemment flatté, yeux criant qu'il n'était pas dupe du baratin, et attendait l'assaut.

Celui-ci débarqua comme l'irruption subite d'un orque tueur d'hommes, à ras de la proue de la *Calypso* du commandant Cousteau.

— Comment avez-vous seulement pu marcher à une combine aussi grossière ? jeta subitement Charlie Badolini. C'est grave, vous savez. Je ne sais pas si vous vous rendez bien compte de votre situation précise.

La Benson pendait entre index et majeur du commissaire-priseur, fumée nicotinisant la chair tendre des deux doigts à ras des lunules manucurées deux fois par semaine.

— Je suis désolé, reprit Charlie Badolini, mais je suis obligé de faire un peu le tour de la question. Commençons par la vente secrète. Totalement interdit, vous le savez comme moi. A vous faire radier... Mais il n'y a pas que ça. Le tableau...

Il vira vers le fauteuil de Jacob estampillé, à sa droite. Dedans, un 15 figure qui resterait dans les annales. Un torse de femme écartelée. Avec des organes furieusement exaltés.

— Maître, poursuivit le chef de la Brigade Mondaine, ce qui me rend assez furieux contre vous, c'est que ce tableau, que vous avez fait apporter hier dans mes services, a été examiné par nos spécialistes de l'Office chargé de la répression du Trafic des objets d'art. Vous voulez le rapport ?... Bon je ne vous l'infligerai pas. Une à une, les preuves techniques du fait que ceci a été peint au plus tard il y a un mois sont données, dans les détails. Siccatifs, vernis, empâtements, glacis, diluants... Ah, les diluants, surtout, utilisant des mélanges chimiques découverts il y a cinq ans seulement...

Il posa ses coudes dans le cuir fauve du bureau, happant à grandes goulées le poison de sa Benson.

— La moins que l'on puisse dire, cher Maître, c'est que vous avez été un peu léger sur le contrôle de l'œuvre. Une œuvre que vous avez, suivez mon regard, préféré vendre, n'est-ce pas, à huis clos.

Maître X. sursauta.

— C'était trop osé pour une vente publique, et de toute façon, le vendeur était pressé.

— Je sais, un dénommé René Leconte, un petit brun aux yeux noirs, même si ce n'est pas le nom qu'il vous a donné. N'empêche, vous avez joué avec un assez gros culot de votre réputation dans cette affaire. Disons les mots nets : vous avez carrément abusé de la confiance de clients potentiels. La preuve, le fameux Julius D. l'acheteur de cette croûte truquée a sorti l'équivalent d'un milliard six cent millions de centimes, sans avoir vu le tableau, et uniquement parce que vous lui en avez garanti l'authenticité.

Il se pencha encore un peu plus.

— Si les mots ont un sens, ça relève de l'escroquerie pure et simple.

Il sourit devant le visage défait au-dessus de la glotte agitée.

— Allons, je ne pousserai pas le sadisme jusqu'à vous demander si vous avez cru vous même à l'authenticité de ce faux. Ce serait faire insulte à votre intelligence, que je crois grande...

Il agita son index jaune.

— ... Mais sur la pente dangereuse du dévoiement, et ne protestez pas que les temps sont durs, etc. rien n'excuse la faute professionnelle quand on a un nom sur la place de Paris comme le vôtre. Rien.

Charlie Badolini se leva et le commissaire-priseur fixait la pointe de ses mocassins Gucci. Bec cloué pour longtemps.

— Ça me ferait de la peine de mettre l'affaire sur la place publique. Il y a assez de scandales par les temps qui courent, et je ne souhaite pas provoquer le krach financier de l'Hôtel Drouot. J'aime les tableaux, les meubles, les œuvres d'art. Je ne voudrais pas avoir provoquer le ravalement de tout ça au niveau du marché du samedi d'Ouagadougou.

Les bottines surélevées exécutaient un demi-tour assez militaire.

— Seulement, il faut m'aider à ne pas me laisser aller à de mauvais penchants.

L'ange flicard repassa, très vautour dans le poids lent des ailes. « Coup de fil à la presse, caquetait le bec, coup de fil à la presse... »

— Je suis prêt à tout, geignit Maître X. Vous me tenez.

— Je pense bien, ricana Charlie Badolini, quelle évidence... Bon, voici ce que vous allez faire. A l'heure qu'il est, la deuxième vente s'organise, à Genève, celle du vrai Courbet, et il va se vendre au moins le double de votre faux, si ce n'est plus, vu le ram-dam autour de tout ça.

Le commissaire-priseur releva le nez.

— Quel ram-dam ? fit-il du ton de quelqu'un qui connait déjà la réponse.

Charlie Badolini hocha la tête.

— Allons, Maître... Pas à moi... On a nous aussi la liste des collectionneurs érotiques du monde entier, et de leurs appels téléphoniques chez vous. Et, bien sûr, j'ai appelé personnellement Julius D X. pour lui signaler les petites escroqueries.

Il se fouilla, à la recherche de quelque chose d'un peu plus excitant aux papilles qu'une Benson. Une Celtique maïs.

— Au fait, je l'ai assuré qu'il pourrait récupérer son chèque, que vous étiez désolé et lui présenteriez vos excuses. Me suis-je trompé ?

La sueur inondait le dos de la chemise de soie de Maître...

— Je l'ai touché, avoua-t-il d'une voix morte.

— Où ça ? jeta Charlie Badolini. En Suisse, bien sûr, et en équivalents dollars. C'est simple, le téléphone est là, appelez votre banque suisse, et donnez-leur un ordre de virement de la même somme à Julius D... dans les plus brefs délais. Je ne plaisante pas, vous allez faire ce que je vous dis.

Il exhiba ses canines, très Boris Corentin.

— Sinon, je vous coffre illico pour délit d'escroquerie, abus de confiance et exportation illicite de capitaux français.

***

Maître X. raccrocha, inondé de sueur jusqu'à la raie des fesses.

— C'est fait, dit-il.

— Parfait, maintenant, vous allez vous débrouiller pour me découvrir, et le plus rapidement possible — le temps presse —, le lieu et l'heure de cette deuxième vente. J'en ai un urgent besoin, et quand je dis ça, cela signifie que si mon urgent besoin n'est pas satisfait dans les délais qui me plaisent, je deviendrai assez méchant.

Charlie Badolini tira délicieusement sur sa Celtique maïs.

— Je ne sais pas si vous avez la même impression que moi mais je crois sincèrement que vous n'avez pas trente-six solutions, ni même 2 pour continuer à pouvoir m'inviter à l'un de vos fameux dîner mondains. Mais un seul.

Maître X. se leva, un peu flageolant.

— Je rentre à mon étude, fit-il. Mon carnet téléphonique est là-bas.

C'était fou ce qu'il fixait Charlie Badolini avec des yeux qui hurlaient : « Et dire qu'il a raison... il va falloir que je le réinvite à dîner ».

CHAPITRE XVI

Route de Florissant, dans un des plus jolis quartiers de Genève, la Rolls-Royce de couleur crème à la fraise venue en flottant de l'aéroport de Cointrin franchit un portail à commande électrique, s'engagea dans une allée dallée qui menait entre des marronniers séculaires à une maison qu'un smicard aurait trouvé gigantesque mais qui, pour un Saoudien, n'aurait été que celle des gardiens. Pour Julius D., c'était la plus irremplaçable des 22 ou 23 maisons, il ne savait plus au juste, qu'il possédait dans le monde entier. Parce qu'elle pouvait témoigner de la partie littéraire et artistique de sa personne. Réaction fréquente chez les grands requins de la finance internationale. A un palais datant de trente ans et bradé pour trois balles dix ronds, ils préféreront un hôtel particulier surestimé scandaleusement parce que ça les mettra dans tous leurs états de promener leur silhouette lourde de fric trop vite gagné dans un lieu historique.

C'était un lieu chargé de souvenirs de culture. Madame de Staël y avait passé le début de ses amours avec Benjamin Constant. En 1828, Chateaubriand était venu y écrire le fameux chapitre des îles de Lerins de ses *Mémoires d'Outre-tombe,* en sautant, toutes les trente pages, la femme de chambre de la duchesse de Paraille, son hôtesse, une vieille maîtresse devenue l'amante de ladite femme de chambre, et concoctant pour le grand homme durant la liaison ancillaire, des tisanes à l'arsenic dans la cuisine désertée par l'employée. Forcément, la cuisine restait en l'état. Et Chateaubriand n'avait dû la vie sauve qu'à un départ précipité : la femme de chambre exigeait le mariage. Pas moins...

***

Comme dans chacune de ses maisons, sous tous les climats, tout était prêt pour l'arrivée immédiate de Julius D. Le personnel changeait même tous les huit jours les tubes de pâte dentifrice, pour qu'ils soient toujours frais (le revendant, bien sûr).

A peine arrivé, Julius D... s'affala dans son canapé et commanda, pour une fois, un scotch. N'importe lequel. Il avait un urgent besoin de tricher pour une fois avec ses règles macrobiotiques.

Tout le nœud de l'affaire du faux Courbet, il l'avait appris dans son Boeing privé fonçant au-dessus des vagues de l'Atlantique. Salaud de Maître X. Mais c'était à lui-même qu'il en voulait le plus. Le sentiment du vieillissement. Jamais, à quarante ans, il ne se serait laissé avoir comme ça. Enfin, la chance fabuleuse qui avait mené sa vie continuait. Cet appel d'un flic assez important à Paris, un certain Charlie Badolini. Au moins, il récupérerait ses billes. Mais la rage d'avoir été blousé n'en était que plus forte.

Et la décision forcenée d'avoir le vrai Courbet. Comme un cadeau personnel avant de sombrer dans le gâtisme...

A sa droite, l'appareil téléphonique rouge grésilla. Une ligne ultra-secrète. Il décrocha :

— Allô ?... Ah, monsieur Badolini...

Son visage de vieux forçat du luxe se détendit :

— Parlez français, je vous en prie... Alors, quoi de nouveau ?

Il s'écarquilla.

— Quoi ? Ici ? Chez moi, route de Florissant !

La voix de basse tabagique du vieux Niçois gagnant par an ce que coûtait la tonte de la pelouse de deux ou trois des maisons de Julius D... racontait quelque chose d'ahurissant :

La vente du Courbet, du vrai, se déroulerait chez Julius D., route de Florissant, à Genève.

***

Boris Corentin se tourna vers René Leconte.

— Qui a buté Madame G. ? Vous ou Carl Leverkun ?

Le petit brun dont la vie s'écroulait sursauta.

— Moi, bien sûr.

— Vous le couvrez Carl ?

— Non, je vous jure. Il n'a fait que peindre. Vous ne pouvez rien contre lui.

Il darda ses yeux noisette.

— Peindre une imitation, plagier, ce n'est pas un crime !...

C'était presque émouvant de le voir défendre comme ça son giton.

— Ça va, fit Corentin, las, on le laisse hors de coup.

Il vira.

— Mais c'est la monnaie d'échange entre nous, vous avez compris ?

Dehors, au goulot d'étranglement du lac, le jet d'eau célèbre lançait puissamment ses tonnes liquides illuminées vers le ciel. Les quais étaient vides. Genève, la nuit, ce n'est pas la fête... Apparemment, du moins.

— Demain, vous savez ce que vous avez à faire si vous voulez que Carl puisse redémarrer tranquille dans la vie.

René Leconte se voûta.

— Je sais.

Corentin courba sa haute silhouette.

— Je fais un problème personnel de cette liberté en sursis que je vous ai donnée, Monsieur le tueur de Nadia par maladresse, mais aussi le tueur de Madame G. avec préméditation et de sang-froid. N'oubliez jamais ça.

René Leconte releva les yeux. Il avait cet air rongé de l'intérieur de ceux qui sont au bout du rouleau.

— Qu'est-ce que vous voulez que je fasse d'autre que de vous obéir ? fit-il.

Corentin sourit.

— Quelque chose d'autre. Vous allez avaler, avec un verre d'eau d'Evian, les deux cachets de somnifère que mon équipier va vous fournir. Et attention ! On vous ouvrira la bouche, après déglutition, pour vérifier que vous avez vraiment avalé.

René Leconte pris l'air d'un enfant au bord des sanglots.

— C'est indigne...

Corentin se pencha.

— Ce n'est pas indigne, ce que vous avez fait à Nadia ? Puis à Madame G. ?... Alors, mon vieux, arrêtez vos pleurnicheries, et buvez.

CHAPITRE XVII

Ghislaine Duval-Cochet, merveilleuse en robe de cuir noir ultra-mode, assez découpée tout de même du côté de ses seins à faire crever de jalousie les pneus ballons d'une Rancho Dessain and Tolra (Maison mère : Melbourne, Australie), referma la carte des vins.

— Puisque tu m'as demandé de choisir, fit-elle, je fais un choix. Du fendant. Il n'y a qu'en Suisse qu'on peut en boire, ça ne voyage pas. Elle se pencha, décolleté gonflé entre ses avant-bras aux coudes savamment rapprochés sur la nappe du restaurant panoramique de l'hôtel.

— Ça fait plaisir, mon chou, de voyager aux frais de la Police.

Elle eut une moue de regret.

— Même s'il ne s'agit pas des premières d'un vol Paris-Genève.

Aimé Brichot essaya d'arracher son regard, derrière les lunettes Amor qu'il avait soigneusement briquées à l'issue de sa douche, à son arrivée à l'hôtel, des masses laiteuses offertes devant lui par la marraine de Charles, son fils.

Ghislaine parut le remarquer.

— Au fait, ça va, le lardon ? Les premières dents se passent bien ?

Aimé expliqua tout ça, bonne poire, en père classique. A savoir : en état de régression mentale accélérée dès qu'on lui parlait de sa progéniture.

— Rappelez-moi la date de son anniversaire, pour le cadeau, fit Ghislaine, souriante.

Il la lui donna.

— Très bien, c'est noté, je n'oublierai pas.

Elle étudia l'avocat-crabe qu'on lui servait.

— Pas des génies culinaires, ici, soupira-t-elle. Enfin...

Elle se releva, avec une inspiration à faire craquer son bustier de cuir.

— Boris, je joue quel rôle au juste, demain ? Je veux dire : à quoi je vais servir ?

Boris apprécia sa première gorgée de fendant.

— A coincer une brochette de voyous, mon chou.

Elle se rejeta en arrière.

— Mais je n'ai rien contre les voyous !

Il se pencha à son oreille et dit lentement un certain nombre de choses personnelles.

— A ces conditions-là, OK, je suis prête à trahir la terre entière. Mais, gaffe... Pas de promesses en l'air, je serai impitoyable.

Elle avala quelques décilitres de fendant, et sa gorge riche et blanche paraissait celle d'une colombe qui se saoule à la rivière après une journée de vol.

— Tu es quand même assez marrant dans ton genre, Boris. Tu me convoques à Genève, tu me demandes, qu'est-ce que je dis, tu exiges de moi, de faire demain ce que tu veux. Mais, au fait, c'est quoi au juste, ce que je dois faire demain ?

Boris attaqua son hors-d'œuvre.

— A 19 h 30, tu te feras déposer, route de Florissant, à la maison d'un certain Julius D., et après...

Elle agita ses longues mains manucurées.

— Julius ! c'est chez ce vieux pote de Julius que je dois aller ! Comme c'est drôle...

Il la fixa, interloqué.

— Tu parles, ça fait dix ans au moins.

Elle rit, lèvres lourdement peintes luisant dans la lueur chaude des bougies de la table.

— Un drôle de fiasco personnel, entre parenthèses.

Elle se recula, poitrine balancée, les fixant tous les deux.

— Mes chéris, vous ne voyagez pas beaucoup, alors vous ne savez pas : Julius D., c'est une des plus fameuses folles perdues du jet-set.

***

Boris repoussa son assiette, appétit coupé.

— Quelle genre de folle ?

Ghislaine se cambra.

— Tu vois ça ?... Ne fais pas l'idiot, je parle de mes seins. Moi, c'est la nature qui me les a donnés. Julius, lui, il n'aime que les seins à l'hormone qui ressemblent aux miens mais qui ne sont quand même qu'à l'hormone. Il aime les travelos piqués, si tu vois ce que je veux dire. Alors, c'est là que tout devient cocasse. Il m'a prise pour un travelo à la poitrine hormonée, dans une soirée, à Acapulco, où il faut reconnaître que j'étais assez décolletée.

— Je peux imaginer, sourit Boris.

Elle le fusilla du regard.

— Bon, passons. Il me baratine, tu ne peux pas savoir, le grand jeu. Drôle, génial de drôlerie. Moi, je me dis quoi ? Julius D. c'est toujours bon à se faire, et pour beaucoup moins que mille raisons. Résultat : je le laisse phosphorer une petite heure et je lui dis : « Vous ne connaissez pas un coin à l'écart ? ». Evidemment, il avait prévu le coup de longue date. Nous voilà aussi sec dans une chambre. Tu vois le genre. A l'opposé exact du F 4 du Kremlin-Bicêtre, pardon Mémé.

« Il se penche... Il commence à déboutonner ma robe, il poursuit, je l'aide, tu vois ce que je veux dire, Boris ?

Boris avait envie d'éclater de rire.

— Ça, je vois exactement...

— Ah, c'est vrai, tu me connais...

Un ange de fausseté féminine passant au-dessus de la table, « vêtu » d'une nuisette dégageant les fesses (les anges ont des fesses, évidemment, roses, délicates).

— Alors c'est là que tout se gâte, reprit Ghislaine.

— Là ? Quand ? fit Aimé Brichot, avide.

Ghislaine hocha pitoyablement la tête.

— Mais quand il a vu, pauvre pomme !

— Vu quoi ?

Elle vira vers Boris.

— Il est naze, hein !... Mémé... les hommes qui aiment les travelos ont horreur qu'entre les jambes il n'y ait pas, au déshabillage, un sexe dressé.

Elle battit des paupières comme une chaisière de Saint-Sulpice.

— Excuse, mais, de ce côté-là, c'est pas mon style.

— Alors ? jeta Mémé comme un enfant à qui son grand-père raconte la bataille de Bir-Hakeim.

— Alors, il m'a jetée dehors tout de suite et voilà comment j'ai connu Julius D. En m'imaginant qu'un milliardaire international allait me troncher sur un lit, à Acapulco, au deuxième tiers d'un cocktail mondain.

***

Les plats apportés devant eux refroidissaient, mais la deuxième bouteille de fendant était quasiment vide.

— Comme c'est curieux..., rêva Boris. Un pédé richissime qui s'est juré d'avoir le tableau représentant le sexe d'une fille... Je n'arrêterai pas d'être épaté par les profondeurs de l'âme humaine. Ça me console de gagner des clopinettes.

— Des clo-quoi ? cilla Ghislaine.

Boris sourit.

— C'est vrai, tu es jeune, ça ne te dit rien. En gros, ça veut dire : que dalle.

Elle continuait à s'écarquiller.

— Oh, ça va, la bourgeoise ! éclata de rire Boris. Là, tu charries, tu m'as très bien compris.

Ghislaine termina son verre. Silencieuse. L'air coincé.

Boris rectifia attentivement les branches de sa fourchette, tordues par un reste de carapace d'un des crabes de son avocat aux crabes.

— Ghislaine, tu crois qu'il te reconnaîtra, demain ?

A peine avait-il formulé sa question qu'il se dit, tétanisé intérieurement, qu'il venait de commettre la gaffe, la grande. L'affaire d'Acapulco remontait à dix ans. Dix ans pour un homme, c'est quoi ? Une période passée, longue sans doute, mais pas dramatique. Pour une femme, dix ans, c'est mille ans de rides gagnées.

— Tu es vraiment un salaud, siffla Ghislaine, un faux frère...

Boris oublia tout, son dîner en cours, son verre de fendant. Il fallait qu'il récupère sa gaffe d'urgence.

— Ghislaine, je te demande pardon, fit-il, avec un feu de martyr romain dans les prunelles.

***

Trois étages au-dessus de la chambre de Boris Corentin et d'Aimé Brichot (avec porte communicante avec celle de Ghislaine Duval-Cochet), un « couple » apparemment paisible soupait autour d'une table roulante à nappe à plis lourds.

Edgar Andreat et Victor Hugo.

Le petit travelo brésilien à lourde poitrine à bouts durcis et membre d'âne prêt à la détente « comme en quatorze », touillait d'un poignet fatigué les deux cents grammes de caviar Sevruqa luisant de tous leurs œufs dans le bol spécial, enveloppé de glace pilée.

Il n'y avait pas si longtemps qu'il croupissait encore, avec son corps piqué par des parents salauds dans la misère terrifiante des favellas de Rio-de-Janeiro, puis le miracle était venu. Un homme élégant et cultivé l'avait enlevé. Acheté. Pourquoi ? Pour le traîner d'hôtel en hôtel, d'appartement en maison de campagne, sans fête, sans jeux, sans rigolade.

Les dents poussaient à Victor Hugo, dit Amalia Quivir sur son passeport truqué.

Et une furieuse envie de changer de protecteur le taraudait.

— Tu n'aimes pas le caviar ? s'inquiéta Edgar Andreat, qui connaissait le prix des choses, comme tous les vieux.

Comme le travelo était nu — encore une de ces obligations qui commençaient à lui peser — ses seins se balancèrent quand il se rejeta en arrière.

— Je ne peux pas aimer. Il n'y avait que ça à la maison.

Edgar Andreat sentit couler la transpiration dans son dos. Il y a des réflexions, chez autrui, qui sont le signe d'un typhon en préparation.

Il se tordit les doigts.

— *My dearest, my love,* Je traverse une passe difficile. Mais tout va se régler.

— Quand ? lâcha Victor Hugo, aigre.

Son protecteur s'obligea à avaler, dignement, le contenu d'une cuiller de caviar Sevruga.

— Demain. Je te demande jusqu'à demain.

Victor Hugo planta ses yeux en amande dans ses yeux clairs.

— Encore un délai...

Edgar Andreat réussit à avaler son caviar, avec

l'air tragique d'un homme obligé de manger dix kilos de fiente de pigeon voyageur.

— Le dernier...

Le travelo brésilien se leva, alla jusqu'à la baie vitrée et parut s'absorber, seins et sexe d'âne balancés de conserve, dans une étude picturale du lac illuminé de feux.

— Je ne suis pas salaud, lâcha-t-il. Je te donne jusqu'à demain. Pas plus.

Edgar Andreat eut l'impression que la foudre s'abattait sur lui : Victor Hugo avait parlé en français.

Comme un signe, en forme d'appel, qu'il ne fallait pas le prendre pour ce qu'il paraissait : un travelo aux ordres. Mais considérer que sous l' »uniforme » il était peut-être un être qui se lève la nuit pour étudier, et affûter son ambition.

— Victor Hugo, glapit Edgar Andreat, cette nuit...

Le travelo auquel poussait des ailes d'aigle se tourna.

— *Look at it !* Regarde ça ! lança-t-il.

Son index à l'ongle peint désignait le tableau installé sur la commode de la chambre d'hôtel.

— J'ai été piqué pendant des années, déformé jusqu'à oublier qu'une autre sexualité que celle qu'on m'a imposée était possible. Mon père et ma mère ne m'ont pas seulement vendu. Ils m'ont matraqué avant, comme on engraisse les oies, c'est ce qu'on dit dans ton pays, non ?... J'ai failli t'aimer...

Il rit, dents sorties.

— Vieux clou...

Il se servit une longue rasade de Badoit et ça fit

mal à Edgar : si au moins son giton s'était mis à l'alcool... L'attaque aurait été plus humaine...

— Voilà ce que je vais faire, reprit Victor Hugo. Demain, à cette vente, tu vas te débrouiller pour récupérer enfin le max de pognon, et tu me paieras l'opération.

Il vira de nouveau vers le tableau.

— Je veux une fente comme ça ! Exactement comme ça !

Il sourit, l'air de redevenir bon.

— On restera amis, n'est-ce pas ? Mais qu'est-ce que tu veux, au point où vous m'avez tous mené, qu'est-ce qui me reste dans la vie, sinon essayer de trouver un mari ?

Il eut une très douce cambrure de reins, très féminine, en se tournant.

— Edgar, j'aurais pu devenir un homme, qui saute les filles partout, un homme, tu piges ?...

Il projeta en avant sa poitrine exhaussée à deux mains, hanche faisant ballotter sa queue d'âne.

— Vous avez fait de moi un monstre.

Ses incisives très blanches, très régulières, sortirent de sa bouche et se mirent à mordiller sa lèvre inférieure.

— Vous allez payer, toi le premier.

CHAPITRE XVIII

René Leconte avait l'impression que la réalité se vengeait de lui de façon cauchemardesque. La vente repartait exactement pareille, privée, secrète. Vraiment secrète, ce coup-ci. Mais cette fois, il y avait les flics avec lui. Et ce n'était plus le décor anonyme d'une suite du *Méridien*, à Paris. Mais le salon d'un milliardaire à Genève. Ils n'étaient qu'une douzaine autour du tableau.

Du vrai tableau.

Pourquoi était-il allé se mettre dans cette galère ? Ses affaires marchaient. Il était heureux avec Carl. Seulement voilà, il s'ennuyait dans la vie, et il y avait eu l'appétit du pourcentage offert par Edgar. Cette vieille salope d'Edgar qu'il avait eu la faiblesse d'accepter de revoir après cette regrettable affaire du « singe ». Ah, ça, il était vraiment de la race des *plantés*. Plus on le niquait, plus il était heureux... Résultat : aujourd'hui, tout s'en allait comme eau filant dans les pales d'un moulin. Eau filant avec des bouillonnements. Rien que de l'eau. Il se redressa, à la volonté : les enchères commençaient.

***

Assis non loin du Courbet, du vrai Courbet, Boris Corentin essayait de savoir qui était qui dans l'assistance. Le nombre de visages à étudier n'était pas immense... Aimé Brichot, Ghislaine, somptueuse dans une robe de lamé rose, puis quelques visages internationaux et enfin, les *vedettes :* Edgar Andreat, assis à côté d'un jeune travesti brésilien aux yeux rageurs, le maître de maison, Julius D., que sa passion visible pour le tableau n'empêchait pas de s'intéresser de très près, du coin de l'œil, au décolleté du travelo, dans une robe au rose pas très lointain de celui de Ghislaine Duval-Cochet. Puis René Leconte, assis dans un coin, l'air de porter mille ans de malheur sur ses épaules.

Tout allait se jouer très vite. Tout était en place. Le tableau, les acteurs du drame. Il ne manquait vraiment que Nadia, morte de pose outrée et Madame G. sa patronne, victime de son métier hors des convenances. Mais qui valait mieux qu'elle ici ?

***

Julius D. se leva.

— Permettez-moi d'intervenir, en tant qu'hôte. Les enchères se feront sans droit. Il n'y a aucun agent, aucun commissaire-priseur sur le coup. Ce que je vous propose, c'est de tirer au sort celui d'entre nous qui mènera les enchères. A moins que quelqu'un se désigne de lui-même, évidemment.

René Leconte se leva.

— Moi, fit-il, je pense pouvoir remplir le rôle. Je ne suis pas acheteur.

Ils le fixèrent tous, et tous connaissaient très bien la « fiche » exacte du petit brun culturiste aux yeux noirs qui s'était levé.

— Pas d'objection ? lança Julius D.

Silence.

— Proposition admise, reprit-il en se rasseyant.

René Leconte s'avança vers le tableau. Il était blanc. Il savait ce qu'il jouait. La survie avec Carl, et c'était énorme ce que les flics exigeaient de lui pour cela.

Rien de moins que de truquer la vente.

— Convenons, fit-il d'une voix qui cherchait à s'assurer, que les enchères se feront en francs français. Je propose de démarrer à dix millions. Y a-t-il opposition ?

Pas de réponse.

René Leconte se passa la langue sur les lèvres.

— J'ai preneur à dix millions de francs français, fit-il, qui dit mieux ?

Et ça repartit, comme à l'hôtel *Méridien,* l'autre jour ! En cinq minutes, on en était à dix millions et demi. Puis deux tiers.

Pour un quinze figure de sexe de femme.

Qui avait quand même pour lui d'être signé Gustave Courbet.

— J'ai preneur à dix-sept millions, à ma droite, dans le canapé, reprit René Leconte qui avait l'impression de boire le calice jusqu'à la lie.

— 17 et demi, jeta Julius D.

— 17 et demi, répondit « mécaniquement

René Leconte, 17 et demi... Pas d'autres enchères ? »

Il levait son marteau. Un vrai marteau d'ivoire, venant de la collection de Julius D.

— Je suis à 17 et demi... Je vais mettre fin aux enchères...

Une petite voix travaillée aux hormones toussota :

— Dix-huit, émit Victor Hugo.

Le fantôme de Madame de Staël qui en avait vu d'autres en manières de surprises très subites, flotta dans le salon qui lui avait appartenu, près de deux cents ans auparavant. A peine gêné, les fantômes savent tout, y compris ce que contient le portefeuille des gens. Or, le travelo qui faisait une offre de dix-huit millions de francs français — un milliard huit cent millions de centimes — n'avait pas un sou en poche.

— Tu es dingue, balbutia Edgar Andreat, soudain rouge comme une tomate. Veux-tu te taire ! Rétracte-toi ! Explique que tu plaisantes !

Le comble des combles : son giton enchérissait !... D'accord, lui, Edgar Andreat, pourrait assurer la mise à hauteur de seize millions, le prix gagné sur le faux. Mais ça n'était pas là le but de toute son opération ! Qu'est-ce que Victor Hugo manigançait ?

Julius D. sourit.

— Dix-neuf, fit-il.

Il fixait le travelo. Côté décolleté surtout.

Une explosion d'idées folles illumina Edgar : et, si c'était le moyen, ça, à sa portée, de « revendre Victor Hugo », cette petite frappe subitement désobéissante, au milliardaire californien ? Et de faire coup double au passage...

Il se pencha vers Victor Hugo.

— Monte, murmura-t-il, je te couvre.

Le petit travelo frémit dans son tailleur Chanel.

— Vingt millions, lâcha-t-il, j'ai dit vingt.

Edgar Andreat lui pressa le bras.

— N'aie pas peur, tu es couvert, je te l'ai dit, n'aie pas peur, surtout.

Il y avait pourtant de quoi avoir peur ! Personne ne montait sur l'enchère de vingt millions. Même pas Julius D. qui se curait les dents, placide, avec l'ongle du petit doigt.

— Vingt millions... j'ai dit vingt millions de francs français, haletait René Leconte.

Il lui fallait bien abattre son marteau, et désigner comme acheteur des véritables les « Origines du monde » de Courbet et le giton de celui-là même qui l'avait mis en vente, et pour lequel, lui, René Leconte, pour un pourcentage finalement dérisoire, était devenu un double assassin déjà aux mains de la police.

— Le chèque, fit-il, il faut donner tout de suite le chèque.

Une électricité démentielle flottait dans le salon de la maison de la route de Florissant. Ne paraissant épargner qu'une seule personne, Julius D.

Victor Hugo se leva :

— Je peux voir le tableau de plus près avant de signer le chèque ?

Il se penchait quand une voix profonde de vraie femme s'éleva derrière lui.

— Je suis désolée d'interrompre cette petite

fête, lâcha Ghislaine Duval-Cochet d'une voix flûtée, mais je représente les Musées nationaux français. Le tableau a été sorti illégalement de France. Il revient à la France, j'exerce le droit de préemption de la France.

Elle se tourna vers Edgar Andreat.

— Vous, vous avez tout loupé, vos combines tordues n'ont servi à rien. Votre chèque que vous croyez toucher sur le faux du *Méridien* est bloqué. Remboursé à Julius D. Quant à vous, Julius D. vous avez vous aussi loupé votre combine à vous.

Elle rit :

— Mes amis les policiers sont ici en mission suffisamment extraordinaire pour que vous n'ayez aucun recours. D'ailleurs, qui vous dit que ce sont des policiers français qui vont récupérer un tableau appartenant au patrimoine artistique de la France, même s'il est du rayon des œuvres spéciales ? Mettons que des personnages sans scrupule se soient introduits ici, que pouvez-vous y faire ? Votre prétendue vente est illégale. Absolument illégale, même devant le tribunal de la Haye.

Elle se leva et alla prendre le Courbet.

— Tant de bruit et de fureur pour un petit quinze figure, murmura-t-elle...

Elle éleva le tableau à bout de bras.

— Regardez-le bien une dernière fois. Aucun d'entre vous ne l'aura. La France le récupère à l'œil. Et ce n'est pas son propriétaire, ici présent, qui protestera. Il sait, comme son acolyte, également ici présent, que l'indulgence des tribunaux est fonction de leur docilité.

« A reprendre la route de Paris, je veux dire.

Elle sourit.

— Vous allez le faire, messieurs Andreat et Leconte, n'est-ce pas ? Je crois savoir et vous le savez sans doute aussi, que des preuves capables de jeter à vos trousses Interpol à travers le monde entier sont en lieu sûr, et officiel.

Edgar Andreat et René Leconte la fixaient, l'air assommés : tout ce que disait la jeune femme était strictement vrai.

La suite fut ultra-rapide : sur un coup d'œil de Julius D., Victor Hugo se jeta en avant et il arracha le tableau des mains de Ghislaine. Puis il fonça sur ses talons hauts vers la sortie.

Où l'attendait une voiture dont le moteur tournait depuis longtemps, histoire d'au moins garantir une atmosphère chaude pendant le trajet au travelo à demi-nu.

***

Boris Corentin se tourna vers Julius D.

— Vous vous croyez au-dessus des lois, Monsieur, à cause de votre fortune. Vous vous trompez, et vous allez vous en apercevoir très vite.

Le vieux milliardaire ricana.

— Assurez-vous plutôt de la personne de vos deux imbéciles. Des fois qu'ils voudraient se faire la malle.

Corentin vira vers Andreat et Leconte. Voûtés, tremblants.

— Suivez-moi, vous autres, et ne faites pas les marioles.

En quittant la maison de la route de Florissant, il avait un goût d'amertume dans la bouche, même si à ses côtés, Andreat et Leconte se tenaient silencieux, anéantis.

— Andreat, lança-t-il, c'est vous qui avez négocié le trucage avec l'Américain. Si vous ne me donnez pas le moyen de rattraper votre travelo, et le tableau avant le lever du jour, je vous jure que je vous fais envoyer au trou, et votre complice de Leconte avec, pour le restant de vos jours. Les lois vont changer bientôt, vous le savez comme moi ? Vous ne sortirez pas du trou.

La Renault 16 dont Aimé Brichot tenait le volant ronronnait.

— Raisonnez juste pour une fois dans votre vie, reprit Boris Corentin, vous savez où va le tableau et son porteur à robe rose.

Ghislaine toussota dans l'épaule de Boris.

— A trois cents mètres, en bas, à droite, il y a un chemin tranquille.

Elle rit.

— On ne t'entendra pas leur écraser les c...lles.

Edgar Andreat eut un couinement de rat.

— OK, fit-il, je vais vous indiquer la route.

Il se retourna brutalement.

— Bon Dieu, et le commissaire-priseur ? Vous l'oubliez ? Pourquoi le protégez-vous ? Il était dans le coup lui aussi.

Corentin hocha la tête.

— Monsieur Andreat... Vous nous prenez pour des pommes... Maître X. est un homme fini, faites-moi confiance.

CHAPITRE XIX

A sa place, tout autre homme que Julius D. aurait un sentiment de panique, aussi supportable soit-il. Pas lui. Le vieil aventurier international était parfaitement calme. Paisible. Heureux.

Il y avait même longtemps qu'il n'avait pas vécu une soirée aussi merveilleuse. Posé devant lui sur une table basse, sur un petit chevalet de peintre en noyer foncé acheté exprès à cette intention, le Courbet trônait. Cuisses écartées, sexe offert. Le vrai deuxième Courbet, peint en 1875 par l'artiste, à une époque où il travaillait jour et nuit pour assurer le remboursement des frais occasionnés par la reconstruction de la colonne Vendôme (1). Un tableau dont le pedigree était fameux. Ayant traversé les plus célèbres collections françaises, anglaises et même russes. Il avait été le seul que le grand duc Alexis Chteminine ait réussi à emporter, en catastrophe, de toute la

(1) Sous la Commune, c'est sous la direction de Courbet que les insurgés abattirent le monument napoléonien. Courbet fut le seul à être condamné à payer la reconstruction, ce qui le ruina.

fameuse collection de son palais des rives de la Neva, à Saint-Pétersbourg. Il l'avait passé, déguisé en moujik, sous ses vêtements, et il avait débarqué comme ça, après trois semaines de tribulations à Paris, dans l'hôtel du comte d'Orgel, faubourg Saint-Germain. Le Français donnait une de ses fameuses réceptions hebdomadaires. L'irruption du « moujik » barbu et affamé avait fait la sensation qu'on devine, au milieu des robes du soir et des smokings. Une heure après, lavé, rasé, rhabillé d'un smoking d'emprunt, le grand duc négociait avec le comte la vente de son Courbet. Prudent, connaissant sa passion irrépressible pour le jeu, il ne demanda pas un paiement immédiat, mais une rente à vie, moyenne, mais confortable. Quand il mourut en 1951 dans un pavillon de Meudon, totalement alcoolique, il touchait toujours sa rente, mais réduite à une misère par la dévaluation, et que les héritiers du comte d'Orgel continuaient à lui payer par respect pour la mémoire de leur grand-père, fameux pour son salon dans les années folles. Quant au Courbet, il était parti de la famille d'Orgel, un an plus tôt, vendu au financier juif new-yorkais chargé de sauver la situation financière de la famille, passablement ruinée. Puis le financier avait eu des revers de fortune. En 1975, lors d'un pari malheureux sur un coup de nickel auquel il avait cru aveuglément. Edgar Andreat se trouvait à New York. Il avait bien joué, lui, dans l'affaire du nickel. Il dînait justement chez ce financier subitement ruiné auquel il attribuait encore une puissance colossale lorsqu'il avait reçu l'invitation. Il racheta le Courbet pour pas très cher et le tableau s'en alla, quelques années plus tard, dans le coffre-fort de l'ancienne école de garçons de la Garde-Freinet, réintégrant ainsi la France.

Seulement, le financier juif n'avait pas pu s'empêcher de se vanter de son acquisition à lui, à l'époque de sa splendeur et, depuis 1951, les collectionneurs d'art érotique du monde entier rêvaient.

Dont Julius D...

D'accord, c'était une femme, ce qu'il contemplait. Mais c'était à lui ! Et un tableau avec une histoire de roman à succès. En plus, c'était un quinze figure. Soixante-cinq centimètres sur cinquante-quatre. Un truc qu'on passe dans une valise. Le Russe l'avait bien passé sous son manteau... Et qui pouvait se rouler, à la limite, une fois la toile déclouée du cadre, et se faire passer pour un vulgaire *poster*. Julius D. X. était juif lui aussi et donc vacciné sur la confiance à accorder aux événements. « S'il faut me refaire, se dit-il, je partirai avec ça. Juste ça » et je le revendrai, je referai ma vie. »

Il avait 80 ans très sonnés...

Mais les implants incisés trois fois par an sur la peau, dans le gras de la hanche, lui en donnait 20 à 25 de moins.

A 60 ans d'allure, de cœur et d'allant, on a la vie devant soi, non ?

***

En tout cas, le côté sexuel, ce n'était pas soixante ans qu'il se sentait avoir, mais vingt de moins encore, et dans toute la « force de l'âge ».

Quelle journée ! Le Courbet, plus le travelo...

Dehors, on entendait ronfler les voitures sur la route d'Annemasse, en France. La deuxième maison suisse de Julius à Genève était installée « banalement » le long de la grande route. Un petit pavillon anonyme à faire vomir au passage un architecte à la mode. Le pavillon de banlieue type. Exagéré à la limite, avec ses balcons à l'espagnole, installés exprès, l'année dernière, par Julius, pour que les cambrioleurs potentiels ne se doutent jamais des trésors accumulés dans la petite maison à volets peints en marron foncé, au milieu d'un jardinet de trois cents mètres carrés gravillonné et muni de plates-bandes agrémentées de nains, de chats et de chiens en plastique. Aucun système de sécurité, aucune alarme : les meilleurs renseignements des voleurs, ce sont les employés de ces maisons-là, trop souvent. Ça finit par faire flipper, côté jalousie, le maniement sur listes des trésors possédés par autrui...

Julius avait fait placer Victor Hugo sur un canapé à fleurs juste au-dessous d'un autoportrait d'Egon Schiele. Une œuvre très spéciale, achetée à grand prix, dix ans plus tôt chez Sotheby's. En robe de chambre grise, assis sur un guéridon, cuisses écartées, le peintre exhibait son sexe. Une énormité dont les roses et les rouges étaient les seules couleur chaudes du tableau. Sa main gauche tenait entre pouce et index la base de la verge. L'index de la main droite titillait du bout de l'ongle le gland décalotté. Entre les pans de la robe de chambre, une espèce d'ébauche de poitrine de femme était esquissée d'un pinceau trouble. Le sein droit surtout, qui poussait le tissu de son aréole fantomatique (1).

En plus, le pied du guéridon sur lequel Egon Schiele s'était assis pour poser, prenait vers le bas des contorsions étranges. Des airs de fente, comme si l'écartement des cuisses se reflétait dans une glace où Schiele aurait été assis. Et dont, au centre, en reflet, et au lieu du sexe masculin, il y avait eu une vulve tendue. Alors, ce qui apparaissait comme une évidence lumineuse vu la direction de l'index de la main droite, posé sur le gland, c'était qu'il désignait quelque chose.

Le reflet.

La vulve du guéridon.

L'hermaphrodisme secret du tableau.

Que le regard du peintre, posé directement sur le spectateur confirmait par un regard qui disait : « Tu piges ? »

Ce tableau, Julius en était très fier, parce qu'il avait été seul à « piger » quand il l'avait vu, dans la salle d'exposition de Sotheby's. Autour de lui, tout le monde ne prenait ça que pour un tableau de *branlette*. Les imbéciles... Le message était pourtant tellement évident. Et en plus, il ne l'avait pas payé si cher que ça.

Bien entendu, à part l'installation sur le canapé, et pas sur le guéridon, Julius avait disposé Victor Hugo dans la pose exacte d'Egon Schiele, et dans une robe de chambre semblable. Deux seules

(1) Le tableau est célèbre, et reproduit partout. Le moindre regard un peu attentif sur les photos y décèle la volonté évidente du peintre de se « faire pousser les seins » comme un travelo. De même pour le dessin du guéridon.

différences : Victor Hugo était bien vivant et, au lieu du visage tourmenté au nez camus et front de Frankenstein du peintre, il offrait une merveille de traits parfaits, yeux en amande, sourcils arqués, nez fin, joues adolescentes.

Entre sa main gauche et l'index de sa main droite, vingt-cinq centimètres d'un trésor digne du fameux rubis de Kandahar. Cette pierre mystérieuse aujourd'hui disparue et taillée à l'imitation d'un sexe masculin pour l'initiation des prêtresses du lieu (1).

Dans toutes les pièces du pavillon de banlieue s'amassaient, certains suspendus au mur, mais la plupart posés à terre les uns contre les autres, des tableaux érotiques. Une immense collection d'au moins trois cents pièces datant de toutes les époques. La *Femme forcée* de Jean-Antoine Watteau, le *Feu aux fesses,* de Fragonard (le titre était écrit, à droite en bas, en lettres rondes, sans doute tracées la langue un peu tendue) toute une série de tableaux phalliques de la Révolution, des anonymes choisis détaillant un à un tout ce qu'une femme accepte (parfois) d'un homme. Des œuvres japonaises et perses, encore plus outrées, avec des airs de nonnes et de moines en extase sur les visages aux yeux fendus. Puis les cochonneries d'Ingres, de Chassériau, de Manet, de Daumier, de Degas, etc. Sans oublier Toulouse-Lautrec, fameux entre les plus fameux, et les toiles secrètes de Paul Delvaux, Picasso, Dali, Matisse, et les autres.

Le lot le plus complet, parce que le moins cher,

(1) Marco Polo en parle dans ses relations de voyage.

et donc « investisseur », c'était celui des hyperréalistes et autres *nouvelles vagues* de la peinture, Allen Jones, Graham Ovenden, Louis de Wet, Wunderlich, Wesselmann, Larry Rivers...

A la mort de Julius D. il faudrait des semaines aux liquidateurs officiels de biens pour répertorier tout. Et apprécier, à supposer qu'ils aient un peu le sens de l'art et celui des affaires, le génie du placement de Julius D.

Surtout au grenier, où se trouvaient les œuvres homosexuelles, celle dont les peintres ne souhaitent pas tellement que leur nom soit connu, même si dans le globe entier leurs *frères de race* savent...

***

— Fatigue-toi, fatigue-toi longtemps et souvent, murmura l'octogénaire aux yeux qui rajeunissaient comme une remontée dans le temps vers sa jeunesse dans les films d'anticipation au fur et à mesure qu'il observait Victor Hugo.

Chaque fois que la semence du travelo obéissant jaillissait entre ses doigts, inondant tout autour de lui, Julius rajeunissait encore. A part son crâne totalement lisse, qui aurait pu croire qu'il était né longtemps avant la guerre de 14-18, que ses premiers souvenirs dataient d'une époque, à Vienne, la ville d'Egon Schiele, justement — et ce n'était pas pour rien qu'il adorait ce tableau, entre autres raisons — où les garçons portaient bottines à boutons ? Où les filles soulevaient de longues et lourdes jupes avant de traverser la rue pour les préserver de la gadoue neigeuse des hivers viennois, où les fiacres étaient tirés par des chevaux à naseaux fumants ? Une époque d'avant la fin de l'Empire aristo-bourgeois, de la tornade sur l'Europe centrale, annonciatrice d'Hitler. Une époque où les enfants juifs heureux en Europe centrale.

Gare de Vienne, quand il avait fui avec sa mère après l'assassinat de son frère par les premières chemises brunes, Julius D. avait eu une dernière envie de pipi avant le départ du train, quelque chose d'urgent, comme seuls les enfants peuvent avoir des urgences. Aux toilettes, dans un lieu proche d'une locomotive haletante comme une baleine traquée, il avait été saisi comme par une irruption de sauvagerie primitive. Un exhibitionniste, face à lui, gland dressé, visage ricanant d'où sortait des obscénités... Et sa sexualité, dans la panique de la situation, avait été fixée à vie.

***

Le travelo se « fatigua » aussi souvent et aussi longtemps que l'exigeait le maître nouveau qu'il s'était choisi. Julius D. rencontré à New York lors de l'escale vers Paris, après son achat par Edgar.

— Quand tu veux, lui avait dit simplement l'octogénaire aux airs d'homme dans la pleine force de l'âge, on se retrouvera.

Puis il y avait eu l'affaire du tableau. On avait parlé anglais autour de Victor Hugo. Il avait gardé le numéro de téléphone de Julius.

Et il avait appelé.

Celui qui avait doublé tout le monde, et pas seulement ce soir, c'était lui, le petit travelo à demi illetré des favellas de Rio de Janeiro ! Semaine après semaine, patiemment, il avait écouté, parfois aux portes, l'air de ne pas comprendre. Une seule idée lui trottait en tête :

Julius, le vieux Julius. Milliardaire en dollars et sans famille...

Tout en se caressant, il pensait à l'avenir. Qu'allait-il devenir ? Il avait oublié d'être bête. OK, les piqûres spéciales le rendraient présentable, dans sa monstruosité, six ou sept ans encore. Puis après ? Un soir, à Paris, Edgar l'avait conduit au bois de Boulogne, il avait vu les travelos brésiliens, ses frères plus âgés que lui. « Une » en particulier, entre l'avenue de Madrid et le jardin d'Acclimatation, 25-30 ans, poitrine sortie. Déjà flapie. Yeux de drogué. Tous les travelos finissent à la drogue. Ah, si la police livrait aux journaux ses dossiers...

Ce qu'il voulait, lui, Victor Hugo, ce n'était pas ça. D'accord, il ne reviendrait jamais en arrière. On ne réduit pas comme par enchantement à la taille de pectoraux musclés des seins hormonés à en faire des mamelles aux tétons énormes. Il fallait faire avec la réalité. Il était monstre. Il fallait continuer dans cette voie, pas d'autre solution. Mais alors, continuer jusqu'au bout.

— Devenir femme.

Se faire opérer.

Il le savait : la chirurgie d'aujourd'hui réussit des trucs au-delà du miracle.

Alors il espérait. Il deviendrait femme. Peut-être se marierait-il. Il le savait : avec les hormones qu'il faudrait poursuivre, il serait vieux à trente ans. Au moins, vivre une « vraie » vie jusqu'à trente ans.

Le problème, maintenant qu'il avait largué Edgar en le trahissant sur la succession de la vente des tableaux, c'était de larguer Julius. Mais pas avant d'avoir réussi deux choses.

Une : se faire payer l'opération.

Deux : se faire coucher sur le testament.

Vu le goût de Julius, semblable à celui d'Edgar pour l'hermaphrodisme, la première victoire ne serait pas facile...

Du coup, Victor Hugo avait gambergé que ce n'était pas ça qu'il demanderait en priorité. Mais le deuxième volet des désirs. L'héritage, qui, automatiquement, paierait le « premier volet ».

Ça voulait dire : une fois Julius mort.

Question : comment tuer Julius ?

Réponse : commencer par s'approprier l'héritage.

***

— *My love, my dearest love,* geignit le travelo en jouant des seins, je n'en peux plus.

Il sourit lèvres ourlées offertes.

— Six fois, dit-il. J'ai eu des émotions, je ne peux pas plus de six fois.

Julius avait les yeux hors de la tête.

— Va jusqu'à sept, je t'en supplie... Je ne marche qu'aux chiffres impairs.

Victor Hugo se souleva sur les coudes, et ses seins s'écartèrent, ses seins aux hormones mille fois plus merveilleux que des seins de fille véritable. Un peu en dessous, le canapé à fleurs peintes à l'imitation de celles des montagnes du Valais, était humidifié de taches lourdes.

— Regarde, je suis vraiment fatigué, murmura le travelo.

Son index droit soulevait une chose passée du rouge au rose, et qui flageolait comme un spinnaker privé de vent dans la course du Fastnet.

La partie octogénaire de Julius D., celle qui savait comme seuls savent les vieux qu'un instant est un instant et que jamais il ne se renouvellera, prit le dessus sur tout le reste : pas seulement la jeunesse de son corps, prolongée aux implants du Docteur S. mais celle aussi de ses neurones, que les mêmes implants faisaient rester actifs. Il redevint subitement l'enfant viennois d'avant la guerre de 14-18, d'avant la catastrophe qui avait fait s'effondrer le monde préservé dans lequel il avait été élevé.

— Qu'est-ce qui te ferait remonter ? fit-il avec une avidité sénile soudaine.

Victor Hugo passa sa main manucurée autour et au-dessus du membre en désérection.

— Je ne sais pas, moi... Une signature...

Julius le fixa.

— Ah toi, toi !...

Il haletait.

— Comment sais-tu ?

Le travelo battit des paupières.

— Mais je ne sais rien ! s'exclama-t-il, sincère. Je demande ce que je crois être mon dû, c'est tout.

Il tordit la tête vers le Courbet.

— C'est moi qui l'ai eu, non ?

Julius D. se leva, avec cent ans d'âge dans la démarche, et le poids des épaules.

— Tu es malin... J'aime... Je l'ai été autrefois. Chacun son tour...

Il se traîna lourdement jusqu'à un secrétaire. Fouilla un tiroir et sortit un papier.

— Tiens, fit-il, c'est signé d'avance, vérifie, et, en plus, il y a un acte d'adoption à ton nom en bonne et due forme.

Victor Hugo tendit sa main manucurée.

— J'espère que c'est en portugais, fit-il. Je ne sais lire que le portugais.

— C'est en portugais, murmura le vieux. Je pense toujours à tout.

Victor Hugo haleta, balançant ses seins d'un mouvement du torse pour une fois pas calculé.

— Tu m'as dit : à mon nom. Quel nom ? Mon nom de garçon ? Ou mon nom de fille ? Celui de mon passeport.

Julius D. esquissa un sourire, le premier sourire tendre qu'il ait eu depuis son enfance.

— J'ai des services juridiques, petit, tout est au net. C'est juridiquement valable sous tes deux identités, celle de ta naissance, comme celle de ton passeport.

Victor Hugo le fixa.

— Julius, balbutia-t-il, pourquoi ? Pourquoi ?

Il lui sembla que l'homme de roc insensible à la fuite des ans se décomposait.

— Pour mon plaisir, murmura Julius. Mon ultime plaisir....

***

A côté du petit travelo mariole, l'adoption en bonne et due forme gisait sur le canapé à fleurs, avec tous les tampons légaux et, à côté, le corps dingue de Victor Hugo s'agitait, sexe en l'air, dans une masturbation dont même Egon Schiele aurait eu honte.

Il avait gagné ! Il bandait d'avoir gagné ! C'était lui qui hériterait, c'était écrit ! Et il n'y avait pas à se tromper. En douce, il avait suffisamment vérifié les lois, les mois passés, prévoyant son coup de maître chez Edgar, cachant sous ses robes et ses falbalas les livres et les codes achetés avec son « argent de poche ».

Restait à tuer Julius. Et, bien entendu, il fallait que ça se passe le plus vite possible. Même rajeuni aux implants, le milliardaire suintait, surtout dans les moments d'émotion comme maintenant. Le suintement aigre et acide des vieilles peaux.

⁂

Aimé Brichot tourna jusqu'au chiffre 3 le chauffage de la voiture.

— On caille, non ?

Le souffle puissant du chauffage monta dans l'habitacle.

Jamais encore Aimé Brichot ne s'était trouvé dans la situation présente : à sa droite, un assassin, René Leconte, l'assassin de Madame G. Directement, aveux signés. Et assassin aussi de Nadia, par Venitex interposé. Derrière lui, Edgar Andreat, complice du coup, et organisateur d'une combine pourrie qui lui revenait à travers la gueule comme un boomerang. D'accord, Boris était assis à côté d'Andreat et à lui tout seul, il aurait pu rattraper les deux hommes en cas de tentative de fuite avant qu'ils aient atteint le premier réverbère, là-bas. Mais quand même, c'était une situation hors du commun de planquer, sur la route d'Annemasse, en Suisse, avec à son bord deux criminels qui devraient être au trou à Fresnes ou à Clairvaux !

Et qui, pour des raisons que sa raison de père de famille n'arriverait jamais à vraiment comprendre, ne bougeraient pas, ne s'enfuieraient pas...

— Promettez-moi, murmura Edgar Andreat, de ne pas faire plonger le petit.

Il vibra.

— C'est pour lui que j'ai tout manigancé. Ça a foiré. Il a été mariole, il m'a filé entre les doigts. Là-bas, il est avec l'Américano-Autrichien.

Il rit, nerveusement.

— Je le devine, Victor Hugo. Il lui arrache des promesses, il le tourne en bourrique...

Il tourna son interminable visage de fin de race vers Boris Corentin.

— Laissez-le filer, donnez-lui sa chance...

Corentin hocha la tête.

— Comme vous y allez ! Vous avez acheté, dans les favellas de Rio, un gosse massacré, un gamin dont la vie est foutue. Pour toujours. Vous avez été complice du coup ignoble et vous venez me demander aujourd'hui de vous aider à en refaire quelqu'un de normal ! Vous délirez ou quoi ? Vous savez bien que c'est impossible. Le passé est le passé. Vos crimes sont commis. Irréparables.

Il se pencha.

— Mémé, on y va.

Il se redressa.

— Le Code pénal ne prévoit pas vraiment de réduction de peine pour collaboration avec la police. Vous voyez que je ne vous mens pas. Mais en réalité, on en tient compte. Vous pigez le message ?

Andreat et Leconte se détournèrent sans répondre. Mais il était visible qu'ils avaient pigé.

La Nissan 2300 de location démarra vers le pavillon de banlieue.

***

— Ah, vous ! Vous ! hurla Julius D.

Il reculait, tragique dans son vieillissement encore accéléré.

— Mais pourquoi ? pourquoi ? reprit-il comme on cherche à chasser désespérément une fatalité.

Edgar Andreat se détourna.

— Je n'avais pas d'autre solution que de vous trahir. Désolé...

Le vieux requin de la finance internationale eut encore un sursaut.

— Mais c'est idiot ! s'exclama-t-il. Je vous ai payé.

Il s'accrocha à une commode derrière lui et subitement, ça devenait tragique, le Wesselmann représentant un travesti nu sous un manteau de pluie, au-dessus de lui.

— Payé pour organiser tout ! La fausse vente au *Méridien*. Pour vous rendre service, à cause de votre damné IGF. Puis la deuxième vente du vrai Courbet, ici même, à Genève. Je payais double. Le faux. Plus le vrai. Tout était réglo ! Qu'est-ce qui s'est passé ?

Edgar Andreat se tourna vers René Leconte.

— *He made a mistake* (1).

***

Sur son canapé, Victor Hugo repliait doucement son acte de donation sous sa robe de chambre faite à l'imitation du tableau d'Egon Schiele. En même temps, il cachait ses seins, et son sexe. Pas question, dans la situation présente, d'affoler tous ces flics...

Il prit une inspiration lente.

— *Julius, my love,* pourquoi te laisses-tu impressionner par tous ces sauvages ? Tu es assez puissant, assez riche, pour leur rire au nez. Renvoie-les. Ils me fatiguent.

Il se leva, tenant sa robe de chambre serrée contre lui. Mais son visage aux yeux couverts de mascara était celui d'une femme ! Comme ses pieds nus, délicats, mignons et aux ongles rougis.

Julius D. le fixa.

— Mais..., fit-il, c'est la police...

Victor Hugo ricana.

— Ils te mentent. Des voyous, oui !... Chasse-les, sois un homme. Tu payeras, tu as toujours payé.

Le vieux milliardaire, dont la vie depuis la fuite de Vienne, au temps de l'Empire austro-hongrois, avait été faite de batailles au couteau, de vacheries secrètes, de trahisons d'amitié pour un paquet d'actions en supposition de hausse à Wall-Street,

(1) Il a fait une erreur.

se mit à vaciller sur le parquet ciré de son *pavillon de banlieue.*

— Victor Hugo, haleta-t-il, sois heureux.

Il vacillait de plus en plus. Il portait la main à sa poitrine, où son cœur battait une chamade démente.

Edgar Andreat leva la main :

— Julius, tu me l'as pris... Mais je ne t'en veux pas...

Le vieux milliardaire dont le Bœing 707 privé dormait sur l'aire de repos de l'aéroport de Cointrin fixa le long Français élégant.

— *Shut up, you,* fit-il, soudain rouge. Tu ne comprends rien. Les fins de race, ça ne comprend pas certaines choses.

Il essaya de se redresser, sans y parvenir. Soudain, c'était comme si tout le vieillissement normal des années, *gommé* par les implants, resurgissait en force. Lui, lui si solide, si inépuisable, sentait ses jambes s'alourdir de plusieurs tonnes. Le pourtour de ses yeux le brûlaient comme s'il avait des années d'insomnie derrière lui. Son cœur cognait, cognait, jamais il n'avait éprouvé cette atroce sensation d'étouffement. Mais le pire n'était pas là ; ses pensées le fuyaient, son cerveau ne fonctionnait plus. Il ne comprenait plus ce qui se passait. Il devenait gâteux !

Ce fut son dernier accès de conscience : l'horreur de cette évidence, pire que le dérèglement de la machine physique : il devenait gâteux ! Son âge réel le rattrapait. Il vacilla cherchant des appuis aux meubles comme font les vieux. Il ne les trouva pas : même à trente centimètres, les meubles étaient trop loin pour lui. Il se laissa aller, abandonnant tout. Redevenu enfant paniqué.

Julius D., petit juif viennois devenu l'un des cinq plus gros contribuables américains, mourut sur le parquet ciré, après un dernier regard amoureux, dans sa chute, vers le Courbet. Puis vers Victor Hugo. A peine son cœur avait-il définitivement lâché que son visage s'affala, joue contre parquet. A ras du pied nu du travelo brésilien.

Avant de mourir tout à fait, il eut un dernier sursaut. Il tendit les lèvres vers le pied, et sa langue sortit, qui lécha, un centième de seconde, les orteils aux ongles rougis de Victor Hugo. Avant de se rétracter.

Pour prendre, et pour toujours, l'apparence qu'ont, dans toutes leurs parties, les corps glissés dans les tiroirs gelés des morgues. La fixité absolue.

***

Victor Hugo se leva, seins de Jane Mansfield et sexe d'âne jaillissant hors de sa robe de chambre grise.

— Je suis l'héritier ! hurla-t-il d'une voix de fausset.

Il brandissait la feuille timbrée.

— A moi le Courbet, à moi !

Boris Corentin le fit se rasseoir, et se recouvrir. En le poussant sans ménagement du bout des doigts.

— Tais-toi, petit. Aie au moins le triomphe modeste.

Il repoussa Victor Hugo, qui continuait à triompher bruyamment.

— Minute, bébé. D'accord, tu as la fortune, mais pas le Courbet.

Le travelo le fixa, hagard. Dans ses rêves, depuis quelque temps, il se voyait bien trônant dans un palais de Beverly Hills avec au-dessus de lui la femme au sexe ouvert, semblable au sexe que serait devenu le sien, après opération de luxe.

— Désolé, reprit Corentin, on t'enverra une photo, mais le tableau, c'est pour les musées français.

Il eut comme un regard de pitié vers la forme étrange qui aurait pu être un enfant normal.

— Victor Hugo, murmura-t-il, ne sois pas bête. On te souhaite bonne chance, vraiment. Personne ne t'en veut.

Le travelo éclata en sanglots.

— Mais alors, vous me laissez tout seul?...

Corentin le fixa.

— Ne te plains pas trop, baby, tu vas finir par nous agacer. Tu es trop riche, désormais, pour qu'on pleure sur ton sort, même s'il n'est pas si simple que ça.

Victor Hugo le fixa :

— Quand je me serai fait opérer, je pourrai vous téléphoner, beau flic hétéro?

Corentin se détourna :

— Voilà autre chose, soupira-t-il, je lève les travelos, maintenant.

***

Même après un coup riche en émotions, il reste aux policiers à régler des détails techniques. Ça leur prit un peu de temps de mettre au parfum les collègues suisses, assez vexés d'arriver comme les carabiniers, et avec pour seule gloire de s'occuper du corps de Julius D.

***

Ghislaine Duval-Cochet se précipita dans le hall de l'aéroport de Genève-Cointrin.

— Ah, vous voilà enfin ! Il est temps ! Vous avez loupé deux avions. Heureusement que le dernier pour Paris est à 23 heures 30.

Elle fixa Edgar Andreat et René Leconte.

— Ils ne se sont pas tirés, ces deux-là ?

Boris sourit.

— C'est curieux, hein ? Mais après des années de folie, ils sont enfin revenus à la raison.

Ghislaine vira vers Aimé Brichot.

— Alors quoi, Mémé, tu es enceinte ?

Elle désignait de son interminable main manucurée de rouge sang l'imperméable Burberry incroyablement gonflé.

— Tais-toi, bon Dieu, grogna Boris, on va passer la douane.

***

Le dernier vol Genève-Paris de la Swissair ronronnait à sept mille mètres d'altitude. Installés au fond, du côté des toilettes, ils buvaient du champagne. Avec les deux pédés, on peut compatir, par pure humanité, avant de ramener des gens vers le trou. Après tout, ils avaient joué le jeu, pour leur réduction de peine. L'un et l'autre.

Edgar Andreat ne pouvait pas décoller ses yeux de l'imperméable enveloppant sur un siège, à côté d'eux, ce qui était un quinze figure.

— Ils ont de la chance, les Musées nationaux, murmura-t-il, d'avoir des flics comme vous à leur service.

Boris le fixa.

— Le peintre est français, normal que le tableau revienne à la France...

L' « Argentin » promis à quelques années de taule, et à la ruine, pour cause de fraude fiscale soupira tristement.

— Ça va aller dans les caves du Louvre, ça ne sera jamais exposé. Vous imaginez le scandale ?

Il leur revint à tous la vision exacte du tableau pudiquement caché par le Burberry.

— Je vais vous dire une bonne chose, murmura Boris Corentin, mes collègues et moi-même, on ramène vers Paris un tableau qui n'aurait jamais dû quitter la France et qui fait partie, rayon secret ou pas, du domaine artistique français, alors....

Edgar Andreat se détourna, et des larmes lui perlaient des yeux. René Leconte lui tapota le dessus de la main avec sa paume.

— Edgar, mon petit, on va surmonter tout ça, on va se refaire, on sortira de prison...

Ils se fixaient et dans l'échange de leurs regards, ils ne pouvaient pas s'empêcher d'avoir, en surimpression, des noms avec les visages correspondants.

Mahaut Huis-Oudry, dite Nadia, morte d'un arrêt du cœur.

Madame G.... bousillée à l'arme de poing.

Julius D... mort de vieillissement accéléré...

Et Carl.

Le seul vainqueur de l'affaire. Resté libre. Et qui leur porterait peut-être des oranges en prison.

⁂

A Roissy, le passage à la douane du tableau ne posa aucun problème — ce qui eût été un comble.

— C'est pour mes enfants des chocolats suisses, geignit Aimé Brichot avec des yeux pitoyables.

Le douanier martiniquais partit d'un rire de salsa.

— Géante, ta boîte, mon frère !...

— Géante, oui. Tu ne peux pas savoir combien elle est géante, articula Aimé Brichot en se dépêchant de passer la « frontière » légale avant que le douanier ait des remords. Mais sans trop d'inquiétude quand même : ça serait le comble de voir un douanier ameuter son chef de service et le reste parce qu'un voyageur réintroduit en France un trésor artistique national !

CHAPITRE XX

Boris Corentin reposa le combiné de son téléphone dans son logement.

— C'était Baba, fit-il.

Ghislaine s'avança sur le seuil de la salle de bains, silhouette nue éclairée par-derrière par le spot situé au-dessus du lavabo.

— J'avais compris, fit-elle, à la conversation. Mais ça a quand même duré longtemps.

— Je rendais compte, fit Boris. C'est mon supérieur, non ?

Il sourit :

— Tiens, si toute cette affaire t'intéresse vraiment, je peux t'apporter une information. C'est la guerre déclarée dans les différents ministères concernés au sujet du tableau.

Il soupira :

— Je suis fonctionanire, mais qu'est-ce que les fonctionnaires m'exaspèrent... Tu t'imagines peut-être que tout ce beau monde se bat pour récupérer le Courbet ? Pas du tout. Personne n'en veut. Il paraît que ça complique le cours prévu des choses. A se flinguer de rage...

Ghislaine haussa les épaules avec dans l'attitude

cette succession d'ondulations doucement ouvertes puis refermées d'une femme qui se parfume avant l'amour.

— Laisse tomber ! Demain, dans trois jours au plus, Baba te rappellera pour une autre affaire. Profite de l'instant présent.

Elle s'étira :

— C'est-à-dire : moi.

L'odeur de *Mitsouko* gagna le studio de la rue de Turbigo comme un nuage de bonheur pour des narines d'homme.

— Quand même, pour conclure : pauvre Victor Hugo, émit philosophiquement Ghislaine en refermant son flacon. Il est riche. Mais il est mal parti.

Boris haussa les épaules.

— C'est la vie...

Il se passa la langue sur les lèvres : Ghislaine venait vers lui, seins balancés, hanches balancées, et dans les plis de l'aine, il y avait cette fabuleuse ombre de la toison à laquelle aucun homme véritable ne résiste. Cette sorte de mousse sombre et secrète, sous laquelle il y a tant de trésors à dévorer...

Ghislaine s'arrêta, balançant stratégiquement sa poitrine, devant le fauteuil Voltaire, face au lit où Boris attendait, nu dans ses draps.

Elle se pencha vers une photo couleur du quinze figure fameux qui paraissait être devenu une pomme de discorde entre trois ou quatre administrations.

— Tu sais, fit-elle, à l'époque de Courbet, finalement, on était assez bégueule.

Elle agita la main.

— La fille qui a posé pour ça, il y a cent ans, elle ne bandait pas tellement.

Elle rit, colonne vertébrale secouée d'une salsa intime.

— Je ne te dis pas pour les détails. Mais, visiblement, elle ne bandait pas.

Boris soupira.

— En tout cas, tu n'as pas vu le faux...

Le fantôme de Nadia voleta dans la chambre.

— Non, avoua Ghislaine, c'était comment ?

Boris lui fit signe de s'approcher.

— Comme tu vas être dans cinq minutes si tu permets que...

Il n'acheva pas.

Exprès.

Ghislaine « mordait à l'hameçon ».

Exprès elle aussi.

— Suppose que je permette ? fit-elle.

Il présenta ses mains.

— Ça te va les ongles ?

Elle se pencha, seins flottants.

— OK, beau mec, tu peux toucher.

Comme Boris avançait les mains, Ghislaine se rétracta.

— Minute, fit-elle. Il y a longtemps que je voulais te poser une question...

Il s'arrêta en plein mouvement libidineux.

— Ça y est, tu as encore inventé un truc pour me compliquer la vie.

Ghislaine se replia comme une huître traitée au citron vert, s'enveloppant avec les draps du lit.

— Pas du tout, crois-moi.

Elle hésita.

— Dis-moi... tu vas souvent avec des prostituées ?

Il s'écarquilla.

— Pige pas ! Pourquoi j'irais ? Si j'ai une envie, je prends le métro. Il y a toujours une fille qui prend le métro exactement pour le même motif. On partage la chambre d'hôtel. Le mec qui va avec des prostituées, il paye l'hôtel tout seul. Plus la fille. Mon système est meilleur.

Ghislaine le fixait.

— Vraiment jamais ?

Il rit :

— Je suis un flic de la Mondaine, je ne paye pas les prostituées quand je monte avec.

Elle eut l'air de rêver.

— Je te crois, ça, je te crois, mais c'est drôle de coucher avec un type qui n'a jamais payé une fille. C'est rare.

Boris se gratta le crâne.

— Ecoute, depuis le temps qu'on se connaît, tu t'en doutais bien.

— Non... j'ai toujours eu la question au bord des lèvres avec toi.

Il se pencha devinant que les choses devenaient sérieuses.

— Allez, raconte... je devine ce que tu vas me dire...

Elle le fixa :

— Vraiment ?... Bon, j'y vais. Voilà, j'ai fait la pute moi aussi, vers les 20, 21 ans, comme cette Mahaut-Nadia, la fille morte du début de ton enquête, et pour les mêmes raisons qu'elle, la curiosité.

Elle rit.

— Belle de jour et belle de nuit, j'ai tout fait ! chez Madame G., évidemment... Elle ne racolait que des bourgeoises.

Ghislaine remonta encore un peu plus ses draps.

— Tu as pigé pourquoi j'ai si bien collaboré dans ton enquête sur les tableaux ? Ça me rappelait des souvenirs. Moi aussi, comme Mahaut, j'ai débarqué d'un taxi pour monter dans des appartements inconnus où je ne savais pas devant qui il allait falloir me déshabiller.

Boris alla tirer les rideaux de la fenêtre : en bas, rue de Turbigo, le phare tournoyant d'une voiture de flics appelée pour une quelconque bagarre donnait vraiment trop de lumière dans le studio.

— Tu n'as jamais manqué d'argent, fit-il, tu te prostituais pour le plaisir. Mais qu'est-ce que tu faisais du fric ?

Ghislaine gloussa.

— Les chaussures. Chaque fois, les chaussures, j'ai toujours adoré ça. Dès les mille cinq cents gagnés, je filais chez Ramocat, avenue Pierre-Ier-de-Serbie.

Comme Boris ne disait rien, Ghislaine prit l'air faussement absent.

— Je te contrarie ?

Il vira vers elle.

— Ma poulette, je te montre quand tu veux le blanc qu'on a, à la Mondaine, sur ton passage chez Madame G.

Ghislaine rougit.

— Oh !...

Boris s'avança vers le lit, *son* lit, où une bourgeoise au passé ollé-ollé pour qui il avait un faible très puissant prenait des airs de vierge effarouchée derrière ses draps relevés à deux mains sous le menton.

— Ecoute, ma belle. Depuis Anchorage, depuis le Japon, depuis Singapour, et le reste, tu penses si je connais par cœur ton dossier chez Madame G.

Ghislaine enfouit totalement son visage sous les draps.

— J'ai honte, fit-elle d'une voix étouffée.

— Tu parles ! Allons montre-moi que tu n'as rien oublié.

***

Les lèvres rougies de Ghislaine allaient et venaient le long d'un objet masculin dont la représentation est réservée à l'*Enfer* des collectionneurs de tableaux interdits.

— Tu as quand même été pas mal éduquée de ce côté-là dans le temps, apprécia Boris, paisible.

Ghislaine se releva, bouche dilatée.

— Mon salaud, fit-elle, tu ne me reprendras pas à te faire des confidences.

Il sourit.

— N'empêche, tu restes une championne. comme ce serait dommage que tu ne continues pas à le prouver.

Elle replongea. Bonne fille, et finalement très gourmande de l'objet intéressant de son vieux complice de flic de la Brigade Mondaine.

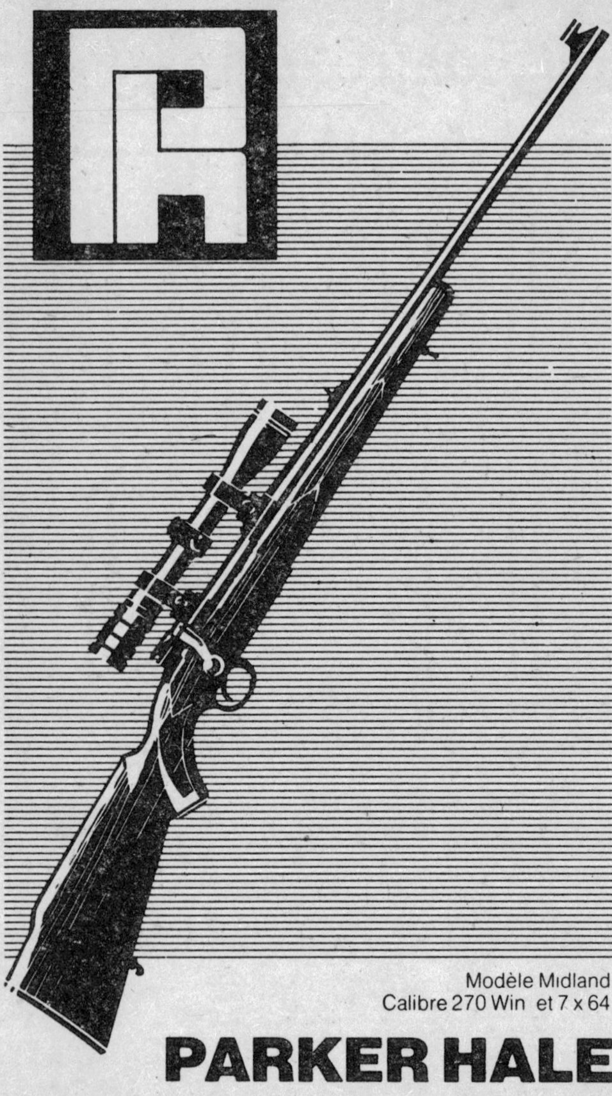

Achevé d'imprimer le 20 janvier 1984
sur les presses de l'Imprimerie Bussière
à Saint-Amand (Cher)

— N° d'Édition : 11150. — N° d'Impression : 2887. —
Dépôt légal : janvier 1984

Imprimé en France